新版
やさしい文章表現法

中西一弘
編

朝倉書店

編者・執筆者

中《なか》 西《にし》 一《かず》 弘《ひろ》* 大阪教育大学・プール学院大学名誉教授

金《かね》 子《こ》 泰《やす》 子《こ》 長野大学講師（非常勤）
（はじめに，２～４章，おわりに担当）

植《うえ》木《き》(中西)紀《のり》子《こ》 大阪芸術大学短期大学部講師（非常勤）
（1，５章担当）

下《しも》 野《の》 隆《たか》 生《お》 長野大学社会福祉学部教授
（コラム担当）

田《た》 中《なか》 祥《よし》 貴《たか》 長野大学社会福祉学部准教授
（コラム担当）

中《なか》 澤《ざわ》 武《たけし》 早稲田大学・長野大学講師（非常勤）
（コラム担当）

*編者

まえがき

幼い子供を見ていると、気分がよかったら歌をうたい、絵をかき、体をゆすって踊る。つらいことがあると、泣いたりすねたりしている。人間は、生まれつき何らかの表現をしないではいられないものである。

ところが、おおぜいの人の中で生活をしているうちに、気持ちをそのまま表すことができにくくなってくる。上手だとか、下手だとか、他人の批評が気になり始めるからである。そこで、他人も認め、自分も自信のあるものなら，すすんで表現していくようになる。気持ちよく表現すればするほど、ますます上達していく。ところが、そうはいかないことがある。できたらいいのに、と切望しながら、できないことがおおい。それが実際ではないか。

では、この上達しないのは、何故だろうか。最大の要因は、何らかの原因で、くり返し練習していないことにあるのではないか。ちょっと試してみるのだが、思うようにできないと、すぐにあきらめてしまう。つづけて練習しようとしない。すると、もうそれでおしまいである。まして、他人から、あれこれと欠点を指摘されると、もうだめだ。また、一人であれこれと工夫している段階でも、どうしたらいいのか、具体的な方法が見つからないと、そこで挫折してしまう。このようなことから、くり返し練習しないままで終わる。

本書で取り上げている文章表現についても、もし、これまであまり練習したことのない人なら、「まだ自分の個性は発揮されていない。可能性は埋もれたままだ。」と考えていただきたい。事実、自分のもっている力を試していないのだから。読むことなら、新聞記事に目を走らせたり、雑誌を楽しく見たり、電車の中の広告や街の看板や駅の掲示を眺めたり、毎日のようにしている。だが、自分で文章を書くとなると、どうだろうか。ほんの少しでいいのだが、毎日、書きつづけているだろうか。もし、書いていないとなると、楽しみが残されていることになる。未開拓の豊かな表現の世界が、ほかならない自分の中に埋もれているのだから。

次に、「書くことはいいのだが、どうもおっくうで。」という人には、だまされたと思って、やってみてください、と言いたい。

まえがき

一日、わずか三行の日記でも、一月も続けば、くり返し読みかえしたくなる。どんな文豪の作品よりも、自分の文章のほうがどんなに楽しく読めることか。いや、一月も待つことはない。原稿用紙一枚の短い作品でも、書き上げると、楽しみが待っている。書き上げたうれしさに加えて、その一部分が他人に評価されることがあると、格別の喜びを味わう。「また、書こう。」という気分になる。

文章表現は、自分の力で行う作業だから、やはり苦労はある。だが、今、指摘したように、その苦労が十二分に報われるほどの、無類の喜びが期待できる。この喜びの予感をもつことが、くり返して練習するエネルギーとなる。一つするごとに、その予感が実感になるよう、自分で作業のリズムを作っていくのが、何につけても上達のコツである。

以上のような考えをもって，その具体化をはかったのが、本書である。したがって、本書は、文章表現の魅力に満ちた世界の、その入口の戸をそっと開けて、どう、こんなにして入ったら、という誘いの書である。入門書ではあるが、内容は徹底して具体的にした。「やさしい」と名づけた所以である。これまでにおおぜいの学生を対象にして実施したものから、効果を実際にあげたものだけをそろえた。ご活用をお願いする次第である。

なお、本書のねらいにぴったりの魅力的なイラストを寄せていただいた渡辺弘美さんに厚く御礼申しあげたい。

幸いにして本書は多くの人たちの手にわたったようだ。うれしい限りである。が、活用している年月がたつと、しぜんと新しい資料を活かしたくなる。授業をとおして、さらなる方法もうかんできた。これらの実践から、このたび、新版を出すこととなった。さらなるご活用をお願いする次第である。

平成二十年四月　　編　者

目次

はじめに　学習を始めるにあたって

本書では、「畳の上の水練」は行わない。単語から文へ、文から段落へ、段落から文章へと、長さと難易度をじょじょに上げながら、練習を積み重ねる工夫をしている。作文にはまったく自信がない、今から、ゼロから始めるのだという人でも困らないように、初歩的なトレーニングから始めている。

水泳でも、まずは浮いて十メートル、次に手足の動きをつけ距離を稼ぎ、さらには息継ぎをして二十五メートルへと、ステップごとに歩を進めていくだろう。二十五メートルの基礎ができれば、あとの五十メートル、百メートル、五百メートルは時間の問題である。

このテキストで、水泳の二十五メートルに相当する文章表現の基礎ができたら、あとはいくらでも応用が可能である。見かけは簡単そうに見えるかもしれないが、練習の効果はこれまでの受講生で実証されている。安心して、練習についてきてほしい。

一章と二章はウォーミングアップと短作文による基礎練習。三章は日常生活での実用文の練習。四章と五章では、それぞれ質は違うが、やや長い文章をまとまりよく書くための練習である。三章の日常生活とのつながりも忘れないように心がけながら、まずは前半で基礎練習を、そして後半で文章をまとめ上げるまでのプロセスをじっくりと練習して欲しいと願ってテキストを構成した。

授業が終了したあとも、自己学習が続けられるように、はじめと終わりに意識調査を実施し、さらに自らの作文能力が評価できるように、診断的評価作文と総括的評価作文を書く機会も設けてある。自分で自分の文書表現上の課題が見極められるようになれば、あとは、生涯をかけて、地道に訓練を続けることが、上達への近道である。

このテキストを使ってくださる先生方には、どうか勤務校の実情に合わせて臨機応変にご活用願いたい。課題を豊富に準備してあるので、半年でも一年でも、情況に応じて課題を選択して使っていただけるものと思う。

学習期間の前半期は、短作文の練習を通して、学生が書き慣れると同時に、文脈の中で基礎的な表現スキルを身につけることができるように指導していただきたい。後半期は、身につけた表現スキルを基盤に、幾分長い文章を書き上げる中で、学習者同士の交流も取り入れつつ、自己表現のおもしろさが実感できるような文章表現学習を展開してくだされば と希望している。

今、この本を手にしているあなた、あなたは文章を書くことが好きだろうか、嫌いだろうか。

ひとくちに書くといっても、いろいろなものがある。買い物メモ、日記、伝言メモ、依頼状、招待状への返信、メールを通した就職活動、大学のレポート、履歴書、小説、詩、エッセイなど。

あなたにとって文章を書くとはどういうことだろう。書くことの練習を始める前に、文章表現に対する自分の意識を探ってみよう。

(一) 文章表現に関する事前意識調査アンケート

学籍番号（　　　　　　　）氏名（　　　　　　　）

1．文章を書くことは好きですか、嫌いですか。次から一つ選んで○をつけてください。

①好き　②どちらかというと好き　③どちらかというと嫌い　④嫌い

2．1で嫌い（③・④）を選んだ人は、嫌いな理由を、次から選んで○をつけてください。いくつでもかまいません。選択肢以外にある人は、その他（　　　　）に内容を書いてください。
①課題に興味がわかない　②適当なことばが見つからない　③全体がまとまらない　④何を書けばいいか分からない
⑤書かなくてもやっていける　⑥漢字を知らない　⑦字が下手だ　⑧自信がない　⑨長く書けない
⑩どう書けばよいか分からない　⑪構成の仕方が分からない　⑫仕上げるのに時間がかかる
⑬その他（　　　　）

3．比較的楽に筆が運ぶのはどんな時ですか。次から当てはまるものに○をつけてください。いくつでもかまいません。選択肢以外にある人は、その他（　　　　）に内容を書いてください。
①タイトルが自由で、好きに書いてよい作文　②好きな人に気持ちを伝える手紙
③家族や親しい人に、急なお願いがあって書く手紙　④お誕生日やお祝いなどのカード　⑤旅先からの絵はがき
⑥いただき物へのお礼状　⑦理科の観察記録のようなもの　⑧自分だけのメモや日記
⑨インターネット上で、知らない人とおしゃべりするチャット　⑩ブログを書く時　⑪携帯メール
⑫雑誌や専門誌への投稿　⑬その他（　　　　）

4．これまで、主にどんなことに気をつけて作文を書いていましたか。次から当てはまるものに○をつけてください。いくつでもかまいません。選択肢以外にある人は、その他（　　　　）に内容を書いてください。
①書く前に構成を考える　②文法に気をつける　③文字（漢字）や表記を正しく丁寧にする

④一つひとつのことばを丁寧に選ぶ　⑤テーマを絞る　⑥事実と意見を区別する　⑦感想や意見を書く
⑧読み手の立場になってわかりやすく書く　⑨長く、詳しく書く　⑩タイトルを工夫する　⑪書き始めを工夫する
⑫首尾を照応させる　⑬その他（　　　　　　）

5．あなたは、自分の書く力についてどう思っていますか。次から選んで○をつけてください。
①よく練習したから能力がある　②練習量が少ないので力がついていない　③ほとんど練習していないからわからない
④よく練習すれば力がつくと思う　⑤その他（　　　　　　）

6．どのような頻度で、どんな練習をすれば書く力がつくと思いますか。次から当てはまるものに○をつけてください。いくつでもかまいません。選択肢以外にある人は、その他（　　　　　　）に内容を書いてください。
①毎日書く　②一週間に一度書く　③二週間に一度書く　④本を読む　⑤一人より、教室でいっしょに書く
⑥指導者が必要　⑦素質の問題なので、練習は無駄　⑧その他（　　　　　　）

アンケート項目に答えながら、自分の作文に対する意識が確認できただろうか。

(二) 診断的評価作文を書いておこう

意識調査に続けて、練習を始める前に、「大学入学までの作文学習を振り返る」と題した文章を書いておこう。作文に対する意識と現時点での作文力が、半年間の学習後にどのように変化するか。それを自分で判断するためにも、証拠となる作文を最初に書き残しておこう。

自分で書き、自分で考え、そして自分の課題を把握するところから文章表現学習は始まるのである。各自自由に副題をつけて、30分程度でまとめてみよう。字数は自由である。

本書のねらいは、同じ教室で学ぶクラスメートを「文章表現について学ぶ学習共同体」とみなし、互いに書き合い、読み合い、学び合いながら、一人一人の文章表現能力を向上させることにある。一人では出来ない練習も、皆といっしょなら思いがけず楽しく、効果が上がるものである。また、文章表現能力の向上は、生涯続く学習課題でもあるため、このテキストをもとに、文章表現に対する自己学習能力も育成してほしいと願っている。今はまだ見えない、自らの文章表現上の課題も、学習を終える頃には見えてくるはずである。

書くことは、じつに刺激的で創造的な言語行為である。コミュニケーションの手段であるばかりでなく、自分を見つめ、より深く考えるための手段でもある。クラスメートといっしょに、書くことの苦しさを乗りこえ、書くことの楽しさを共有しよう。おもしろいこと、楽しいことは、多少の苦しさがあっても、またやってみようという気になるものだ。皆といっしょにハードルを一つずつ越えながら、文章表現の面白さをともに味わおう。

なお、本書中の例は、すべて筆者のこれまでの勤務校（信州大学人文学部・上田女子短期大学・長野大学・大阪芸術大学短期大学部）における受講生の作品がもとになっている。ここに記して謝意を表します。

第一章　気楽にちょっと

一　もう一人の自分になる――ペンネームを考える――

名前を変えると、自分が別人になった気分である。作文が好きではない、またはうまく書けない自分といったん手を切って、他人になろう。書くことはむしろ好きという人も、もうひとりの新鮮な自分らしさを楽しんでほしい。ペンネームで爽やかに変装して、また大文豪きどりの名前や、逆に幼く素朴な愛称になってもいい。本名では気恥ずかしい表現も、思い切って本音を書けるから、都合のよい「隠れみの」ともなるのである。

例　(1)好きな作家になったつもりで、またはそれをもじって

吉本りんご　　緑川次郎　　薄紫式部　　かつらももこ

(2)好みのイメージの文字を使って

弥生　夏子　　白樺青空　　海里

(3)遊び感覚の愛称

プチトマト　　くまさん　　じゃりんこチエ　　ぺんぺけぺん

文章に書かれた世界は、多かれ少なかれ現実の世界とは違う。その表現が、現実の自分の思いと相違した表われ方になったとしても、筆者が別人としての自分であればかまうことはない。それはそれで楽しめばよい。ともかく、書

くときにブレーキとなりそうな精神面の制限を除くことが大切である。自由な気分で気楽に作りだす。ペンネームは書くための第一歩としての変身の術である。

ペンネームは□□□□□□□とします。　本名□□□□□

と宣言しよう。

これ以後、文章の記名欄はすべてペンネームで通すことになる。

人はたのしい気持ちが内にあるときが一番、学習でも技能でも身につくものだ。文章を身につけようとするならば、まず自分がたのしい気分であることが、なによりも大切なのである。原稿用紙に向かって、まずは気楽にペンネームを記すことから始めてみよう。

二　絵から言葉へ

私たちの生活の周囲には、様々なイラスト画や音響があふれている。お菓子メーカーのシンボルマークやトイレを示す絵文字もすっかり定着している。文字によってイメージをむすぶより、視覚や聴覚からのほうが、受け手にとってストレートで理解が容易だからというのは、たしかだろう。だがより積極的な利点としては、文字よりも一枚の絵から受けるイメージのほうが、率直な受けとめができ、想像を豊かに生みだす可能性があることもたしかである。

絵からイメージ、イメージから言葉へという回路を使って、簡単なカット絵を組合わせ、即興的に絵本の世界をつくりあげてみよう。むつかしいことではない。誰もが経験している幼い頃からこれまでの絵本や童話、テレビや映画などのイメージの蓄積を活用して、想像をふくらませればよい。おはなしの創作には、絵物語や童話などをこれまでどれだけ楽しんだかという経験が欠かせない。与えられた絵はどのようにとらえようと受け手の自由である。絵に触発されて、悲しい楽しいまたはこっけいな物語の一場面を、自由に創りだしてみよう。

(一)　感じることを、言葉でとらえる

絵から感じることを、言葉でとらえてみよう。

・キャー助けて　・折れてる！　・痛いだろうなぁ・悲しいなぁ
・あーぁかわいそうに　・死　・無力　・まぶしい　・踏切事故
・暑いよー　・水がほしい　・隣の花がくしゃみで折れちゃった
・欲求不満　・ポキッ　・オゾン層の破壊　・小学生のいたずら
・大きいチューリップにいじめられている　・あーよく寝たなぁ
・これぐらいの事でまけないぞ　・水をください枯れちゃうよー
・お姉さんチューリップは妹のことを「だれがいじめたのョ」とかばって泣いている。
・摘みとられるのがいやなチューリップは折られたふりをしている、そのために摘まれることになった大きなチューリップは泣いている
・心配そうに太陽は折れているチューリップをながめている

〔練習〕　一文字の言葉からかなりながい言葉まで、絵から感じることがここでは二十三とおりにとらえられている。まだまだいくらも出てくる。多いほどよいのだが三項目だけ自分で考えて加えてみることにしよう。

・（

・〔

・〔

◇手引き

絵からうけた初発の印象は、率直な感情語であったり、無生物を擬人化したイメージ世界からの言葉であったり、絵についてのコメントなど、多彩である。

どんな言葉であってもよい。現にこの絵をみて自分の頭の中を通過したのなら、何でもよい。その人の記憶の深層からふっと浮かびあがった個人的な言葉であれば、客観性がないことも当然だろう。他人が首をかしげるような言葉が出てきたりしても、それでいいのである。むしろ、発想はおおいに個性的である方がいい。いずれも、絵に触発されて絵の背後にある世界を想像して言葉を発していることが、よくわかる。

㈡　**絵の題名を考え、話をつくる**

次の絵の題名を考えよう。そしてこの絵の世界について、自分の想像したことを書きつけてみよう。（コメントや詩、おはなしでもよい）

題名例

・はかない夢　・ひとりごと　・僕の肥満猫

・３匹の子猫　・太郎君の夢　・太ったお父さん

・猫になれなかった人間　・猫になってみたいぼく！

・ぼく猫じゃないんだけど　・変装　・虚無

題名：〔　　　〕

作品例(1)　20世紀にはもう戻れない。

何も信じていない猫と、隣人をしらない人間たち……。

無感動な底無しの闇

作品例(2)　あなたの前を、そしらぬ顔をして横切っていくあの子猫。何を考えているのか、不思議に思ったことはありませんか。タケシくんの家の子猫に話しかけてみてください。猫たちのナイショ話が聞けるかもしれません。

作品例(3)　「ニャー、ニャー」もうすぐ夕食の時間です。子猫3匹が自分たちのかごの中で絵本を読んだり、毛糸で遊んだりして、したくができるのを楽しみにまっています。

作品例(4)　「あー、待ちくたびれてお尻がいたい。」「あれ!あの人だれ!」「もしかしてあの人がもっている罐詰、僕たちのご飯じゃない?」「うちのご主人じゃない?」「一度猫になってみたいって言ってたから、ぬいぐるみを買ったんだよ」「でもね、最近、お腹でてきたかと気にしてたから、魚の缶詰でダイエットしてるんじゃない?」

子猫3匹は一瞬だまりこみました。そして、一言――

「変わった主人をもってしまった。」

作品例(5)　幼稚園児のガキ大将ヒロシ君は、けんかの腕前はプロ級である。いつも子猫をいじめて遊んでいた。ある晩、夢の中でヒロシ君はヒゲのない猫になってしまっていた。そのヒロシ君を見つけた3匹の子猫たちに「あいつ、あれでも猫かよー。」と笑われ、物は投げられ、蹴とばされ、悲惨な目にあった。生傷の絶えない日々が続き、「もう、みんなをいじめないから、許して!」と叫んだと同時に、目がさめた。その日はやけにお尻が痛かった。それからはヒロシ君は、子猫にも、友達にもやさしくなりました。

参考

絵をじっとながめているといろいろな連想がわいてくるだろう。猫または人間に視点を定めてみると、話のほうから一人歩きをはじめることもある。

何といっても猫の登場する名作、『吾輩は猫である』がまっ先に思い出されるだろう。

吾輩は猫である。名前はまだない。
どこで生まれたか、とんと見当がつかぬ。なんでも薄暗いじめじめした所でニャーニャー泣いていたことだけは記憶している。吾輩はここで初めて人間というものを見た。（夏目漱石『吾輩は猫である』の冒頭部分）

猫の目を通して人間の姿を語るという、漱石のやりかたを借用して、面白く作ることができればたのしい。提示した絵がさし絵になるようにして、あとはまったく自由に想像したお話にしてみよう。文章の文字数の多少や、表現の善し悪しは問わない。一人でつくるのがむずかしければ、最初は二人か三人で組んで作品を作ってもよいのである。

〔**練習1**〕　次の絵から感じた第一印象を大事にしてお話にしてみよう。

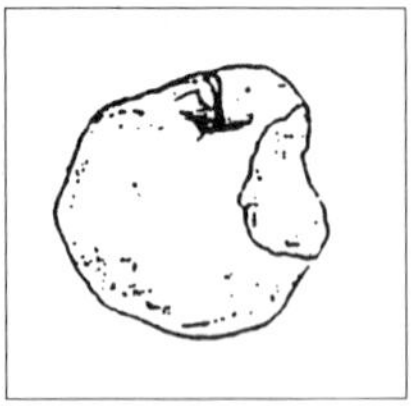

作品例（1）

題名：『ぼくはりんご』

本文：ぼくは、りんごです。はるばる青森からやってきました。ぼくはこれから一体何にされるのかな。

ここは市場のゴミ箱の中、果物屋のおじさんが味見でかじって「なんて、まずいりんごだ。」と言って放り投げられてしまいました。

というのは、実は、ぼくの中には青虫が住んでいたからです。青虫は、大きくなってはやく大空へはばたいていきたいと一生懸命、ぼくを食べてゆきます。ぼくは、だんだん色も変わり、味もなくなって、芯だけとなってしまいました。

でも、これは、ぼくの運命だと思ってあきらめました。しだいに薄れていく感覚に、ある日の午後、青虫がきれいな蝶となって飛立ってゆくのを見ることができました。

◇**手引き**〔借り物でない感受性を大切に〕

自分が受けとめた感覚を基にして、思うように発想を広げていく。だれでもない自分が現に感じ受けとめたことなのだ。自分の感覚のアンテナに自信をもちたい。そこに作られた世界を描写していけば、リアルにも、また楽しく夢物語風にも、動植物童話風にも、また風刺をきかせた現代社会の批評文にもなるはずである。

〔**練習2**〕　次の絵から感じたことをできるだけ多くの言葉に表現してみよう。そして題名を考え、いくつかの言葉をヒントにお話もつくってみよう。

言葉：・　　　・
　　　・　　　・
　　　・　　　・
題名：〔　　　　〕
お話：　原稿用紙に書く

参考「心のなかを字で書く」

思っていること、心のなかに浮かんでいることを、書いてごらんなさい。ええ、なんでもいいのです。そのときの「心のなかを字で書く」というだけのつもりで書いてごらんなさい。じょうず、へた——そのようなことは考えないでいいのです。じょうずは、もちろんいいのですけれど、へたにしか書けなかったから、この練習はしても意味がないというわけではないのです。

よくないのは、手をとめて、じっと書かないでいることなのです。これは、ことばどおり「練習」で、ひとつの作品をまとめあげるのではないです。だれが、自分の心のなかに浮かんでいるものを、「早く」「もれなく」とらえて、「字」を使って書くでしょう。さあ、用意をしてください。

（大村はま『たのしい文章教室』共文社）

三　既存の知識を言葉のみで説明する

ごく日常の表現として、人に道を尋ねられたら、自分が知っているかぎりの言葉で表現する。また、日本語のわかる外国人から、日本人にはわかりきっている文化的な事情（たとえば雛人形やこいのぼり、パチンコやカラオケなど）を尋ねられたとき、どのように言葉で説明すればよいだろうか。気軽に説明できそうなものだが、もちあわせの知識を最大限に、平易に、要点を落とさず、正確に、迅速に、相手に伝えることが要求される。

自分にとっては、わかりきっている知識を、相手の立場に立ってわかってもらえるように説明するのは、意外に難しいものである。いかに自分としては十分に説明したつもりでも、相手が首をかしげれば、再度、説明をやりなおさねばならない。不十分なところがあるのである。言語のみの伝達性をもっとも純粋に思い知らされる場面といえるだろう。もちろん、丁寧な会話表現で書ければもっとよい。

(一) 道順を教える

近くの駅からこの教室の建物までの道順を、具体的に方向を示し、目じるしや距離、方向、時間、道の形状などを適所に補いながら、はじめての人にもイメージを結び、たどり着くことができるように説明しよう。

道を教えるについて簡単に地図が描ければ、言葉での説明は、ほとんど補助的な役割でしかない。図示した道順を視覚で理解するのに適した領域の一つだからである。実際に道を教える場合には、言葉よりは身ぶり手ぶりを加えて示すなど、身体表現の助けがともなうことが普通である。

だが、まったく他の表現手段なしに、言葉だけで正しくその場所を示すのは、意外に難しい。自分にはわかっていてもだめであり、なによりも、相手にわかることを第一に、言葉をえらぶことが要求される。客観的な指標である度数、距離、方向、時間、具体物などを使用することが、道順を正しく伝えるためには欠かせない。

〔作品例〕 JR大阪環状線天王寺駅の東口から出ます。左に五メートル歩くとすぐ左手に線路をまたいだ陸橋が見えるので、それを渡ります。道に沿って石畳の下り坂を東にむかって、つきあたりまで行きます。左のガードをくぐり、公園の右手の路地を入ると、本校正面玄関があります。駅からここまで徒歩で約五分ほどかかります。

〔練習〕 この教室から、クラスの人の多くがよく知っている場所を定めておいて、そこに行くための道順を、知らない人にも間違えずに行けるように、言葉だけで説明をしてみよう。(できあがったお互いの説明文をならべてみて、わかりやすい説明とは何がどのように表現されているのか、学びあうと良いだろう)

(二)　日本の風習や文化について教える

日本の風習や文化について予備知識のない外国人に、尋ねられたとしたら、あなたはどのように説明するだろうか。まず、百科辞典などを調べないで、自分の経験と手持ちの知識とを使って、相手にだいたいのところが理解してもらえるように、説明してみよう。

(1)　お盆について

お盆はそれぞれの地方によって、その時期、名称、先祖迎えのやり方や盆踊りなどさまざまなかたちで行われている。事典類を調べれば、意義付けや由来歴史、種々の形式などが詳しく解説されているが、即座に全体像をわかりやすく説明する場合には役にたたない。日頃は常識として行動している事が、いざそのことについて話そうとすると、持ち合わせている知識が中途半端なものであることに気づくだろう。

幼い頃から、毎年参加している行事だからといって、よく知っているとは限らない。毎年おこなっている風習やしきたりを体験を中心にして断片的に説明するしかない。日本に住んでいながら、日本のことをあまり知っていなかったことを、この機会に実感しておくことも大切だろう。

そして、またこのような説明の機会があることを予想すれば、一度は事典や文献を調べたくなるのではないだろうか。

発展学習として、図書館で資料を調べながら「お盆」について、外国の人にわかりやすく理解してもらえるような説明文づくりをあらかじめしておくとよい。

(作品例)　日本の昔からの風習で、その家の先祖の霊をなぐさめ供養する日のことです。私の田舎のばあいは、だいたい八月の十三日から十五日ごろの間におこなわれます。お墓を掃除しておまいりしてご先祖さまを家まで連れて帰り、お盆の終わるときにはまたお墓に送っていきます。多くの人がこの時期にふるさとの家でお盆を過ごすため、飛行機や新幹線などの乗物はたいへん混み合います。

〔練習〕お正月、雛祭り、こいのぼり、などについて、外国の人にも理解できるようにするには、どのように説明することができるだろうか。

(2) 日本人の好むパチンコというゲーム、その文化について

大衆的で気楽にあそべるパチンコは、社会的な功罪や、好き嫌いの個人差はあるが、確かに日本の現代の風俗文化の一形態としての位置を占めている。私たちは同時代に生きる者として、何らかの見聞や情報をストックしながら生きているのである。

（作品例）私の家族は誰もパチンコをしないので、よくわからない。でも、叔父が大好きなので、いつも親類が顔を会わす機会には話題になる。パチンコで勝つとか負けるとかいうので、楽しむというよりは賭け事のような感じがする。お店はギンギラした飾りやネオンがはでに点滅していて、中は大音量の音楽が流れている。一人が一台のゲーム機に向かって腰かけてゲームをする。うまくいくと大儲けができるので、病みつきになって逆に大損をしたという人の話も、よく耳にする。

四　季節とともに思い出されること

(一) 季節にからまる文章

私たちは、「すべての物事を季節に結びつけて考えたがる日本社会の長い習慣」（朝日新聞「夕陽妄語」加藤周一〔怪

談・夏」）（94年8月22日付）の中にいる。確かにそのように、誰もがこれまで生きた年数だけ、季節と思い出と重ねてきているといえるだろう。季節がめぐってくると、なぜかきまってある思い出がよみがえってくるという人がいる。帰ってきた思い出に心を閉ざさずにいられない時もあるが、いつのまにか心の扉を開けて、思い出に浸っている自分に気づくこともある。

さまざまな思い出の中から、自分の心に強く刻まれたある場面、うれしかった記憶や、悲しい思いなどが、個人的にいつまでも大切にしたい感慨として浮かびあがってくる。思い出は自分だけの宝物であり、人生において記憶の鮮やかなうちに一度は記しておきたいものである。そのように思い出とは、個人の人生と分かちがたく結びついた、価値のある小さな物語と言ってもいいだろう。

つぎの文章は一過性の忘れられない経験が、その個人にとって一度は記さねばならない一シーンとして心にやきつけられている。〈晩秋の季節〉〈柿の実〉とともによみがえってくる思い出についての文章である。

（作品例）

朝日新聞投稿欄〔声〕　野村浩子（57歳）94年8月21日付

昭和二十年の秋のある夜、両親、国民学校三年の私、妹二人の私たち一家は、S駅の暗いホームでいつ来るとも分からぬ汽車をまっていた。

引き揚げ者として貨車に乗せられ、十月下旬に朝鮮の水原を出発し、釜山で何日も野宿し、十一月三日の誕生日を迎えた。ようやく乗ったポンポン船が嵐のため対馬へ数日避難し、やっと帰り着いたのは、十一月十日すぎだったと思う。

やがてこうこうと電灯をつけた客車が入ってきた。ほっとしたのもつかの間、それは私たちの乗る汽車ではなかった。

明るい窓の向こうは皆進駐軍の兵士で、まるで別世界だった。窓を開け、「みっかん(みかん?)ありますか?」と叫ぶ兵士がいた。その時子供心に戦争に負けるとはこういうことなのだ、と思った。

さらに待ち続け、私たちが乗ったのは無蓋貨車で、飲み物も食べ物もなく、京都のの母の実家にたどり着いた。貨車からは終日周りを眺めていたが、沿線の所々で日に光るカキの実が美しかった。S駅ホームでの、映画の一こまのような情景と、その時の思いは今に至るまで深く心に刻みつけられている。

◇手引き

季節は毎年めぐりくるけれど、ある年のある季節は、そのことだけのために人の記憶に刻みこまれている。呼びおこされたあの日の喜び、悲しみ、失意や家族の死などの重荷を背負っている。つらい思い出ほど強く心に刻印されて、いつかは表現される日を待っている。書くことによって、そのつらさは自分の内側に重く渋い輝きを増すのである。そこには個人的な、自己としっかりと結ばれた歴史が存在する。それは文章の書き方の是非をこえて読む人の心に感動を呼びおこす力となる。いくら文章の書き方を習っていても、素材や内容が悪くては何にもならない。良い文章には、言いたいことが存在しているものなのである。

(二) 季節と直結した記憶を文章にする

季節と直結する自分の記憶を、冒頭を「春になると……」「春といえば……」として、思い出されることを表現してみよう。(文章の長さ短さに制限はない。他の季節を選んでもよい)
冒頭をこのようにして書き出してみよう。

（冬）になると、私は………のことを思う。

→春になると、夏になると、秋が来ると、など
又は、春の終わり、夏が来るころ、十月、吹雪の夜、など

作品例(1)　冬それも二月になると、石炭ストーブのことが思い出される。足の先がジンジンして、長いあいだ立っていると、ほっぺもピーンと張って耳が痛くなります。先生の話が長く感じられ、早く教室に帰りたい。頭の中はストーブの真っ赤に燃える石炭のことばかり想像していました。そうすると不思議と温かくなるように思えたものでした。日直になると、木造校舎の暗い廊下に石炭バケツを取りに行って、手を真っ黒にして教室まで運んだものです。

一番寒い時期だったのに、思い出すと心まで温かくなれます。ストーブの上で給食のパンを焼いて、いつもアツアツのトーストを食べれたのも、このストーブの時だけでした。小学校の三年生の時に、ガスストーブにかわった時は、とてもさびしく、あんまりその時のことは思い出せないのです。（『石炭ストーブ』）

作品例(2)　夏になると私はいつも思う。小学生の頃程、楽しい夏がつまっている時はない。ただ夏がくるだけでうれしかった。今は「夏は何をしよう」といろいろ考えるが、あの頃は、公園に行けば友達が集まっていて、かくれんぼをしている。午後一時三十分からはプールが開く。自転車をこいで、寄り道しながらみんなで毎日行った。お菓子屋に寄る百五十円も忘れなかった。一日一日があっという間に過ぎて、私はいつも真っ黒だった。

六時三十分になると、お母さんたちが呼びにくる。みんなで逃げまわった。でも「スイカ食べよー」の言葉には弱かった。冷えたスイカがうまいんだなぁ。

あと、ラジオ体操。遅刻しそうになってはしると、首にかけているカードがからまる。でも、ハンコをもらう順番はいつも3番以内だった。

毎日の小さなこと一つ一つが輝いていた。（『小学生の夏』）

五　方言や若者言葉で、感覚を表現する

誰もが一度は学習したことのある『枕草子』第一段は、四季へのあふれんばかりの感覚が表現されている。

(1)　春は、あけぼの。やうやうしろくなり行く山ぎは、すこしあかりて、紫だちたる雲のほそくたなびきたる。

(2)　夏は、夜。月のころはさらなり、闇もなほ蛍の飛びちがひたる。また、雨など降るもをかし。

〔現代語訳〕

(1)　春は、あけぼのが素晴らしい。ゆっくりと白んでいく山ぎわの空が、少し明るくなって、紫がかった雲が細く横になびいているのがいい。

(2)　夏は夜がいい。月のあるころはいうまでもない。闇夜もまた、螢が入り乱れて飛んでいるのはいい。雨な

どの降るのまで風情があっておもしろい。

この作者・清少納言の注目した感覚を、現代の私たちの心に、もっともぴったりくる感覚の日常言語で、表情豊かに自分流の訳をしてみるのである。古典の感覚を他人ごとでなく、じかに感性を共有して理解したいものである。

◇**手引き**

自分流の訳とは、感覚を活き活きと伝える言語、それは一つには、出身地方の方言であろうし、また一つには、同世代の友人たちとの若者ことばによるおしゃべりであろう。かのベストセラー『桃尻語訳・枕草子』（橋本治著）は、首都圏の若者饒舌体の魅力あふれた訳文であることが思い出される。


春って曙よ！

だんだん白くなってく山の上の空が少し明るくなって、紫っぽい雲が細くたなびいてんの！

夏は夜よね。

月の頃はモチロン！

闇夜もねェ……。

螢が一杯飛びかってるの。

あと、ホントに一つか二つなんかが、ぼんやりボーッと光ってくるのも素敵。雨なんか降るのも素敵ね。


（橋本治『枕草子』）（河出書房新社）

また、最近は地方の時代とか方言の復権が言われはじめているが、方言の衰退は、中央志向の横行、地方の文化の劣位性を意味していた。だが、自らのルーツは大切にしたい、そしてその雰囲気を残す自らのことば・方言で感動を再現してみたいものである。大阪弁の作家・田辺聖子は、方言の値打ちを積極的に認知する一人であり、つぎのように語っている。

参考

> 大阪の人は方言や思うてないから、他郷へ行っても直さない。敬語を使いこなすことができれば、大阪弁はちゃんと表の場に出て行けるんです。排斥しなければならないのは、共通語だけが上品だと思っている人。東北の「しばれる」なんて言葉、いいわね。コテコテの地方弁でおしゃべりされると、その人の表情とともに、あーいいなぁってしみじみ思う。共通語はそういうおいしいとこ、みんな抜かしてしまっている。
>
> （田辺聖子、94年7月26日、朝日新聞夕刊「ほんまか?・関西編」より）

〔**練習1**〕『枕草子』第1段の四季の感覚のうち、春の部分と夏の部分について現代語訳を参考に、方言または、若者の言葉で表現してみよう。

作品例(1)　熊本弁で

「春はあけがたがよか。だんだん白くなってきよる山ぎわがたいね、すこし明るうなって、紫っぽか雲が細く横になびきよっとは、ほんなこつよかばい。

夏は夜たいね。月のあるときもばってん、闇もやっぱ螢の飛びまわりよっともよか。雨の降るまでもおもしろかね。」

作品例(2)　高知弁で

「春っていうたらあけぼのながやと。ちょっとずつしろうなりゆう山のてっぺんが、ちょっと明るうなって、紫がかった雲が細うに横にのびちゅうがやと。

夏は、夜がえいで。月がのぼっちゅう時は、一番えいで。暗闇やったら、螢がいっぱい飛びゆうががえい。雨が降っても、おもしろいで」

作品例(3)　大阪の若者ことばで①

「春やったら絶対あけぼのやん。ちょっとずつ山ぎわが白なって、すこーし明るなった紫がかった雲が、細っそいになってのびてるんなんか、めっちゃいいやん。

夏は夜がいいんちゃう。月のあんのはいわんでもいいくらいや。まっ暗な闇夜に螢があっちこっち乱れて飛んどるのもいいやんな。雨とか降るんもおもろい。」

作品例(4)　大阪の若者ことばで②

「春はあけぼのがいいで。だんだんしろーなって山ん上が明るなってな、紫っぽい雲が細く横にのびてるんが、ごっつええわぁ。

夏はやっぱりゆうても夜やって。月が出てる時は私が言わんでもわかるやろうけど、ほんまにいいねんて。闇の夜でも螢がぶわーって飛んでたりしたら、ほんまにきれいや。雨が降ってんのかて、ええ感じやもんな。」

〔**練習2**〕　春夏とおなじように、第一段の秋と冬の部分をやってみよう。

(3)　秋は、夕暮。夕日花やかにさして山ぎはいと近うなりたるに、烏のねどころへ行くとて、三つ四つ二つなど、飛び行くさへあはれなり。まして雁などのつらねたるが、いと小さく見ゆる、いとをかし。日入り果てて、風の音、虫のねなど。

(4)　冬はつとめて。雪の降りたるは言ふべきにもあらず。霜などのいと白く、またさらでもいと寒きに、火などいそぎおこして、炭持てわたるも、いとつきづきし。昼になりて、ぬるくゆるびもて行けば、炭櫃、火桶の火も　白き灰がちになりぬるはわろし。

〔現代語訳〕

(3)　秋は夕暮がいい。夕日が花やかにさして山ぎわにたいへん近くなっている時に、烏がねぐらへ行くというので、三つ四つ二つなど、飛んで行くのまでしみじみとした感じがする。まして雁などの列を作っているのが、たいへん小さく見えるのは、たいへんおもしろい。日がすっかりはいってしまって、風の音や虫の音などがするのも。

(4)　冬は早朝がいい。雪が降っているのは、そのよさはいうまでもない。霜などがたいへん白く、またそうでなくてもたいへん寒い折に、火など急いでおこして、炭火を持って廊下など通るのも、たいへん折に似つかわしい。昼になって、だんだん寒気がうすらいでゆるむ一方になってゆくと、いろりや火鉢の火も、白い灰がちになってしまうのは、劣ったかんじがする。

日本古典文学全集『枕草子』（能因本）訳　松尾　聰・永井和子（岩波書店）

（作品例）友達ことばで

「秋は夕暮がグッド。夕日が美しく遠くの山に輝き、すっごーく近くなってるときに、鳥が巣に戻るからって、何羽ずつかかたまって飛んでくのなんかは、しみじみとした気がするじゃん。そんでもって雁なんかの列をつくって飛んでるのが、小さく小さく見えたらもっともっと胸にじーんとくるもんがあるわ。日が沈んで、風の音や虫の音なんかするのもさ。

冬は、朝早いのがいいヨ。雪が降ってるんは言葉にできへんくらい最高や。霜が白くおりてる朝もいいと思うよ。雪も霜もなくっても、すごう寒かったりして、火なんか急いでおこして、炭火をもって廊下を通るんもすっごい冬って感じするわ。それが、昼になって寒気がましになってくると、いろりや火鉢の火も白ん灰ばっかしになってしまうのは、あんまりいい感じがせえへんねぇ。」

六　季節への讃歌

『枕草子』第一段で四季それぞれに最高だと決めた時間帯は、清少納言自身の感動の強さによっている。個人的な選択が時代の嗜好に埋没することなく在り、素晴らしい季節感への讃歌といえる。ただ、秋の夕暮れと雁の取り合わせは時代の好みと一致している。秋の季節への賞賛は伝統的な情緒として、現代の私たちも充分に共感できる。

『枕草子』を味わう時、受け手である我々が実際にすばらしいと感じている時間と相違することもある。むかしと今の生活様式が変わったためもあるだろうし、個人的な嗜好によることも大きい。同時代の清少納言と紫式部とでは季節への好みが違うように、現代の私たちも自分だけの季節への感性を大切にし、表現していきたいものである。

(1) つぎの数値は学生41人にたずねた好きな季節の好きな時間帯を集計したものである。現代の嗜好の傾向が、『枕草子』のそれと微妙に違っていておもしろい。

○『枕草子』が賞賛する時間帯

春：曙（早朝）　夏：夜　秋：夕暮　冬：つとめて

○現代の若者たちの好みの時間帯

春		夏		秋		冬	
早朝	6	早朝	4	早朝	3	早朝	5
朝	2	朝	1	朝	0	昼さがり	5
昼さがり	12	真昼	3	昼	0	夕方	4
夕方	0	夕方	8	夕方	11	夜	4
夜	0	夜	16	夜	1	夜更け	7

(2) 古来〈春〉〈秋〉の季節が一年のうちで最も情趣深いものとして和歌や文章に表現されてきた。二つのクラスで季節の好感度を問うと、現代の感覚では〈夏〉の季節を圧倒的に好むという一致した傾向がみられた。この傾向は世代、地域で異なるものだろうか興味を感じさせられる。

	春	夏	秋	冬
クラスA	9	20	6	6
クラスB	10	17	7	9

作品例(1)　冬の夜が好きです。冷たくひきしまった空気と、遠くに見える月。友人たちと遊びに行った帰り道、夜気のつめたさとちょっぴり酔ってほてった体の暖かさとで、いい気分でふらふらと暗い道を歩くのは最高です。

作品例(2)　夏は祭りが一番だわ。夕方からお風呂に入ってさっぱりしてから、一年ぶりの浴衣に袖をとおす。少し暑くて苦しいけど、あの帯の感じも、なんとなくいいわね。カランコロンと下駄の音を響かせながら通りを行く。夜店が出ていて、沢山の人でごったがえしているのが、うっとおしいようでなんとなく、そこがいいものよね。

それに、なんといっても夏祭りがくれば夏休みの始まり、これが一番の喜びだぁー。

〔練習〕　自分の好きな季節と時間を選択して、自分なりの感性で季節への讃歌を文につづってみよう。大切なのは、季節が主役であること、人間はわき役にまわることである。

前節の「季節とともに思い出されること」との違いは、重心の置き方にある。その点をよく理解して、書いてみよう。

七　感情の表しかた——短歌をつくる——

日常わたしたちは、話しことばでなら、比較的容易に、感情の動きを生き生きと表現している。書きことばで心の動きや情感を表現しようとするとき、さまざまな表現形態がある中で、もっとも素朴純粋な形は、詩歌といわれている。だがじかに、現在の自分の感情を詩歌に吐露するのは、いくぶんかの気恥ずかしさを伴うものであるかもしれない。ここでは、古典和歌の心を手段として、感情を表現する練習をしてみよう。

(一) 準備体操として——和歌の部分改作

まず、現代短歌をつくることにする。つぎのように橘曙覧の「独楽吟」の二首を示している。この和歌の特徴的な言い回しを生かして、冒頭(たのしみは)と結び(とき)は変えないで、あいだに言葉を入れて和歌を完成させてみよう。たのしかった思い出、気持ちが良かった時の記憶をたどり、その経験を短歌の定型(五・七・五・七・七)に合わせて、リズミカルに表現してみよう。

> たのしみは　たまに魚煮て　子らみなと　うましうましと　言ひて食うとき
> たのしみは　嫌なる人の　来たりしが　長くもをらで　帰りけるとき

(作品例)　たのしみは(待ちに待ってた　サッカーで　わいわいさわいで　声援の)とき
たのしみは(授業終わりて　帰宅する　電車の中で　おしゃべりの)とき
たのしみは(うつらうつらと　夢みつつ　深い眠りに　うつりゆく)とき
たのしみは(文庫を買って　菓子を買い　涼しい部屋で　寝てしまう)とき

〔練習〕　前の作例に見習って(□□)部分に楽しさの経験を書き入れ、三首作りなさい。クラスの友達の作品ともならべてみると、多様なたのしみの側面とその表現法があることが感じとれるだろう。

たのしみは(□□□□□□□　□□□□□　□□□□□□□　□□□□□)とき

たのしみは（□□□□□□□　□□□□□　□□□□□□□　□□□□□）とき
たのしみは（□□□□□　□□□□□□□　□□□□□　□□□□□□□　□□□□□）とき

(二)　作者の心情に共感して短歌を作る

一般にお正月の遊びとしてなじみのある「百人一首」の和歌の中から、一首の背景や心情を理解して、その歌の作者になり代わって、短歌を作る。

「百人一首」は、日本の代表的な古典秀歌撰であり、かるた遊びの素材としても、伝統的に幅広くうけいれられている。七音五音の調べにたいする感受性も、鑑賞するとともに創作することで、和歌の伝統的リズムをしぜんに身につけられれば一挙両得である。

選びぬかれた百首の歌のなかでは恋歌が半ばを占める。そのなかで、複雑な恋愛事情を想像することができる三十八番の右近の歌をとりあげてみよう。

> 38　忘らるる　身をば思はず　誓ひてし　人のいのちの　惜しくもあるかな　　右近
>
> 〔現代語訳〕
> あなたに忘れられる私の身はどうなってもいいのです。しかし、いつまでもと誓ったあなたの身が、誓いにそむいたとして神の怒りに触れ、命を落とすことになるでしょう。あなたの命が惜しくてなりません。

たしかに、誓いとはまもられるべきものではありながら、破られる可能性を色濃く漂わせていると言える。この歌を詠んだ右近は、ともに愛を誓った相手（藤原敦忠といわれている）が誓いを破ってしまったので、男の心変わりを恨み悲しんで歌を詠んだ。

王朝時代は貴族男性が自由な恋愛行動をしているのに対して、女性は感情をおさえて受け身の姿勢で生きることを常とした。心変わりをして他の女性のもとに通うようになった男に、恨みや皮肉をぶつけてやりたいのが、ふられた女の本心として自然である。もちろん、憎しみは愛情の裏返しであり、右近の愛情はいまださめてはいない。悲しみと恨み、皮肉と愛情とを重ねあわせた、複雑で微妙な女性心理の失恋歌である。

◇手引き

「百人一首」の38番の歌は、そのまま現代にも通じる恋愛の位相であろう。歌を詠んだ右近の気持ちを追体験し、現代の右近になって「5・7・5・7・7」の現代短歌の形式でその心情を表現してみる。歌の心の正確な再現よりも、各人の心に映じた右近の感情を、自分が代弁してやるつもりで、思いきり訴えてみることである。

〔作品例・生徒作品〕

①昨日まで　君が好きだと　言った目は　今日はまったく　他人の目線
②あなたから　きらわれてたら　しかたない　いつかあなたも　きらわれまあす
③好きですと　言ってくれたね　あの誓い　忘れたあなたが　憎くも愛しい
④いつまでも　あなたの名前　覚えてる　忘れたいのに　忘れられない
⑤ざまあみろ　だから言ったよ　早死にと　この世にやはり　神はいるのだ
⑥さよならと　言われて一人　歩く夜　月の光の　変わらぬやさしさ
⑦うしみつの　白装束で　駆け抜ける　恨みますよと　五寸釘うつ

⑧いつまでも　そばにいるよと　言うあなた　そんな言葉は　誰でも言うの

⑨ばかやろうと　言えればすっきり　するけれど　まだ好きだから　言えないのです

⑩どうしてと　泣いてみせても　しかたない　今度の恋は　がんばりますよ

⑪いとしさが　こみあげてくる　いつの日も　今もあなたが　忘れられない

⑫駅前で　あなたのことを　待ちつづけ　時計をみると　もう6時間

⑬わかってた　あなたの気持ち　わかってた　わかってたけど　わからないのよ

⑭今ならば　別れ話も　取り消せる　あなたの命が　まだあるうちに

⑮すてられて　憎めばらくな　はずなのに　今でも好きです　くやしいけれど

⑯携帯の　一部分だけ　色あせぬ　君のプリクラ　貼っていたとこ

⑰メール見て　涙を流し　たくはない　ちゃんと目を見て　納得させて

⑱あの人の　笑顔もいつか　薄らいで　私の記憶　遠ざかりゆく

⑲すてられた　そう思いたく　ありません　私がふった　ことにしとこう

⑳いつかくる　悲しく別れを　告げた日が　笑い話に　できる時まで

〔**練習1**〕　右近の心情になりかわって、現代短歌に詠んでみよう。

①～⑳の短歌の作例のように、右近の心情に同情し、自分が右近になったつもりで歌ってみよう。その複雑でせつない心情を短歌で表現してみる。短歌は連作してみるほうが、うまい表現の歌ができることが多い。三首を目標につくってみよう。

（　　　　　　　　　　　　　　　　　　　　　　）

（　　　　　　　　　　　　　　　　）

（　　　　　　　　　　　　　　　　）

〔練習2〕 前掲①〜⑳の短歌を鑑賞したあと、その中で、自分の感情に響いてくる作品を選ぶ。なぜそれに心が動いたのかその理由をできるだけ分析的に、書いてみよう。

例・私は②と⑲に共感した。どちらも本当はまだ好きな気持ちが残っているが、強がって平気なふりをしている、というような傾向があります。多分、私自身がそういう風な感じだから、じーんとくるものがあり選んだのだと思う。

例・⑩と⑳を選んだ自分は、過去にはいろいろな事があっても、いつか、良い日がくるという願いがあるような、明るい女がすきです。

例・自分は今まで熱く恋愛をして別れたという経験がないので、右近の気持ちになりきれない。その時の自分の気持ちを仮に想像しても、恨むかどうかもわからない。選んだ⑥⑱は、別れた後で自分が相手をやさしい気持ちで思い返せるものであり、こうありたいなぁと希望する姿だったからだろう。

例・私が選んだ⑪の短歌は、とても古風でおとなしい純情な傾向があると思う。つき合っていた時、相手をとても大切にしていた気持ちが「いとしく」という言葉で表わされているように思う。控えめで自分の感情を言葉に出せない所がとても気に入っています。またこの文全体にあつかましい態度がないところが、なんとなく私と似ています。

〔練習3〕 自分の感性に響く短歌をえらび、感想を書いてみよう。

お互いに作った短歌を発表しあってみよう。友達の作品の中で自分の感情の琴線に触れるような作品をチェックし

コラム：言葉の好き嫌い―平凡な言葉で、鋭く書こう―

あなたは、どんな言葉が好きだろうか？　嫌いな言葉が、あるだろうか？　もしも、あなたが言葉に対して好悪のはっきりした少し頑固な人ならば、その感覚を大切にしてほしい。そこに文章上達への手掛かりがあるからだ。社会学者の清水幾太郎《しみずいくたろう》（１９０７―１９８８）は、次のように言っている。

　良い文章を書ける見込みのある人、文章というものと縁のある人というのは、一体、どういう人なのでしょうか。それは、文字や言葉や文章に相当の好き嫌いのある人のことです。（『私の文章作法』中公文庫、１９９５年）

私たちは、テレビ・ラジオや新聞・雑誌を通して毎日無数の言葉を読んだり聞いたりしている。それらの言葉のどれかひとつに対して特に「これは、嫌だな」とか「これは、好いな」とかの感じを持つ人、そういう人が文章の書けるようになる素質のある人だ。清水は、そのように考えている。

賛成である。他人の言葉や文章に触れたときの違和感や親近感を大事にしていれば、言葉に対する鑑識眼が養われ、表現への意欲が生まれるからだ。他人の言葉に不満を覚えれば、今度は自分がそれとは別の言葉で語ろうと思うだろう。オリジナリティーへの道は、そこから始まる。

だが、素質はあくまでも素質にすぎない。せっかく優れた素質があっても、発揮されなければ、いつまでたっても立派な文章が書けるようにはならないだろう。18世紀のドイツの哲学者カント(Immanuel Kant １７２４―１８０４）にも、「素質は人間本性の可能性に属している」という言葉がある（『単なる理性の限界内における宗教』第1部・第1節を参照）。素質とは、発達の可能性である。訓練を受け磨かれることがなければ、素質は単なる可能性にとどまるのであって、決して輝くことはない。

では、文章の素質を磨くには、どうすればよいのか？　清水幾太郎は、『論文の書き方』（岩波新書、１９５９年）という本の中で、この問いに答えている。それは、まず、自分にとっての名文を模倣することであり、また、安易に流行語を使わないことであると。

同書の中で、清水は、大いに名文の真似をせよと教えている。そのためには、誰か「自分の経験と同質の経験を持ち、しかも確実にこれを表現している人間」（36頁）を見つけなければならない。そのような「自分だけが探すことの出来る、自分だけが持つことの出来る模範」（同）の文体を徹底的に真似すればよいというのだ。

では、そのような、自分だけの名文を見つける方法は何か？　答えは簡単。自分が「これは好い」と思うような言葉の遣い手を捜せばよいのだ。その人をお手本にして、その人の文章を真似て書く。そのような練習を続けているうちに、文章の素質は自ずと磨かれてゆく。

また、私たちは、嫌な言葉は使わないという姿勢を保つべきである。たとえば、清水は、「ほほえましい」「心あたたまる」「～の原点」「～をふまえて」等のマスコミ用語を口にしないし、ましてや書くことなど決してないという。なぜなら、これらは現代の流行語だからであり、一見スマートで洒落た表現だからである。

流行語は魅力的である。ほとんど抗いがたい力を持っている。だが実は、これらの表現は、私たちが現実社会の問題に深く踏み込んで自分の頭で考え書くことを妨げるものである。流行語は、オリジナリティの敵なのだ。

「もっと平凡な、要素的な言葉を、しかし、鋭く使おう」（前掲書、48頁）――これが清水の提言である。そのためには、私たちは先ず、自分が言葉に対して持つ好悪の感覚から出発するべきなのだ。

（中澤　武）

ておこう。そしてなぜ自分の心に共振したのかを考えてみる。自分の好みの傾向や自分との類似点などが、浮かび上がってくる、また自分の意外な感性に気づくこともあるかもしれない。それらについて感想風に書いてみよう。

私は（　　）番の短歌をえらびました。その理由は、

第二章　短い文章（二百字作文）を書いてみよう

一　なぜ二百字作文か

この章では、長い文章を書く前の基礎トレーニングとして、一小段落の長さに相当する二百字の短作文で書く練習をしてみよう。二百字は四百字詰め原稿用紙の半分、縦二十字、横十行の長さである。長い文章を書く場合には段落をいくつも積み重ねるが、二百字は、その際の平均的な一段落の長さでもある。さて、二百字でいったいどれほどのことが書き込めるだろうか。なにはともあれ、書いてみよう。

参考　二百字作文とは

一種のことば遊びである。しかし、作文技術の学習には予想外の効果を持っている。

二百字以下ならどんな字数でもいい、というものではない。句読点、会話符号なども正確に原稿用紙のマス目に入れて、二百字ちょうどの作文を書くのである。一字多くても、一字少なくてもいけない。二百字の原稿用紙の、第一行目の一マス目から書き始め、二百字の最後のマス目に句点の「。」がくるように書かなければならない。

なぜこのようなことをするのか。それは、このきまりに沿って、二百字ちょうどの文章に仕上げるためには、何回も文章を読み返し、推敲を重ねることになるからである。その結果、短文の積み重ね、接続詞を使わない文連接、変化のある文末表現など、現代的な文章を書く時の基本スキルを知らず知らずに習得できる。上手下手を考えず、まずはペンを取って、案内に沿って書いてみよう。

（二百字作文例）

小さな自慢
――三年間だけのバイオテクノロジー――

出身校は長野県○○農業高校。入学当初は、学校の名前を言うのが恥ずかしかった。私は生物工学科で、植物の培養をしたり、カルピスや味噌を作る微生物の勉強をしたりした。卒業論文のタイトルは「ツルニンジンの大量増殖」だった。わかりやすく言うと、白衣を着て試験管を振って、新しい農業を研究したのだ。話題のクローン技術も少し勉強した。シクラメンやブロッコリーを栽培し、近隣に販売もした。今は全てが懐かしく、誇りだ。

良い文章とは何か。それは、「自分にしか書けない（個性的・主観的）ことを、だれが読んでもわかるよう（普遍的・客観的）に書いた文章」のことである。

（『高校生のための文章読本』筑摩書房より）

二　さまざまなジャンルの文章を書きながら表現スキルを身につけよう

㈠　紹介や勧誘のために書く

紹介も勧誘も、目的ははっきりしている。紹介文は、読み手の記憶に残るように、情報を印象深く伝える文。勧誘文は、読み手の注意を喚起し、行動に誘うところまでが使命である。目的を達成するには、誰が読むか、読み手の情報も必要だ。読み手によって表現方法も変わってくる。文章を書くときは、いつも、誰に何の目的で書くかを確認してから取りかかろう。

a．自己紹介

どんなことが書けそうか、これまでの受講生のタイトルを参考に、さまざまな観点から思いを巡らせてみよう。

―小さな自慢―　何かちょっとしたことでも自慢できること（特技）はないか？

・九月三日　・私の日課　・心を穏やかに　・素の自分になれる時間
・白米と私の闘い（二百《グラム》ぴったり）・二千冊の悲劇　・努力した発音練習

―私の楽しみ―　日ごろささやかだが楽しみにして過ごしていること（趣味）は何？

・空を眺める　・小魚との真剣勝負　・最近始めた料理　・必要な知識かどうか
・本のくじ引き　・手作りしてみよう　・孤独な時間

◇こう書いてみれば

自己紹介、たった二百字で書くのだから、書き込めることは限られている。話題を探った上で、何か一つにしぼり、それについて詳しく書き進めてみよう。

副題に―小さな自慢―と―私の楽しみ―をあげたのは、観点を絞って中身の濃い話題を見つけるためである。―小さな自慢―で「九月三日」をタイトルにした書き手は、特定のその一日に、前後の日にはない何か特別なことがあったに違いない。「私の日課」は、他のだれのものでもない、自分自身の日課であることが強く感じられて興味をひく。―私の楽しみ―の「空を眺める」は、思わずつられて空を見上げてしまう、動きのあるタイトルである。「小魚との真剣勝負」からは、ユーモラスな擬人化の一方で、書き手の強いこだわりが伝わってくる。

印象深い自己紹介は、ありのままの日常にこそ存在する。自分らしさがあれば、むしろ、ささやかなもの、小さなことが読み手の共感を呼ぶ。

（作品例）

①小さな自慢　―私の日課―

毎朝、廊下と玄関の掃き掃除をしている。小学生の頃にやり始めたときは、兄と分担してやっていたが、兄が高校生になってからは、自分一人でやるようになった。朝起きると、母が「早く掃除しちゃいなさい」と催促するので、毎朝続いている。たまに忙しくてやらないで出かけてしまうと、何か朝スッキリした気分にならない。だから、この日課は、たまにさぼることもあるけれど、毎朝、母に早くやれと言われながらも、続いていくと思う。

②私の楽しみ　―心を穏やかに―

書道を十二年間続けた。小学校一年生から始めて、毛筆六段、硬筆七段まで取得できたのは、自分なりにがんばった証拠だと思う。学校が終わって書道教室に行くまでの道は、いつも早歩きになっていた。書道室に入ると、毎回独特の雰囲気が流れている。一人ひとりが当日の自分の課題と向き合い、真剣に、そして何より心を穏やかに書道に取り組んでいる。書は上手く書くことだけが目的ではなく、心を落ち着かせる手段になることを知った。

b．勧誘文

進路で悩んでいる後輩に、あなたの体験をもとに、今の大学を勧めてみよう。あなたのお勧めのポイントは何だろう。

・お気に入りの図書館　・先生はお茶飲み友だち・パソコンで困ったら
・気軽な気持ちで・豊かな自然環境　・心のバリアフリー

◇こう書いてみれば

勧誘には「動機づけの順序」が効果的である。まず、読み手の注意をひき、次に、必要性を示して、その必要性を満たす方法を提示する。さらに、具体例で証明して納得に導く。最後に、読み手の決心を促し、行動に導くために力強く誘う。

（アラン・モンロー「動機づけの順序」森岡健二『文章構成法』至文堂より）

作品例

①福祉を勉強したい人へ

高校三年生の春、私は福祉系の学校を探していた。そんな時、長野大学の資料を見てはっとした。学費が安い。

その上、社会福祉士や精神保健福祉士の受験資格が取れる。オープンキャンパスに参加してみると、手話の体験や模擬授業など、先輩方と交流しながら楽しく学ぶことができた。さらに、先生方の多くは福祉の現場経験者である。そのため説得力があり、学びを深めることができる。福祉の専門的知識を深めたい人にぴったりの大学だ。

②編入するなら長野大学へ

将来、福祉施設の生活相談員になることが目標である。福祉系の短大卒業後、長野大学の三年次に編入した。短大の時に長野大学についてネットやパンフレットを読むと資格合格率が高かった。入学してすぐに編入生は単位の読替があり、以前通っていた学校で履修した教科を読み替えることができる。何より、社会福祉の専門的な教科が学べるので専門の知識が増える。現在、福祉系の学校から編入を考えている人には、長野大学はお勧めだ。

表現スキル①　タイトルをつける（話題を絞るために）

すぐに書き始めないで、何を取り上げて、どう表現するか、しばらく思いを巡らせよう。話題を絞るために、タイトルをつけてみるとよい。タイトルは主題につながり、文章全体の指針となる。試行錯誤が上達への早道である。途中変更はもちろん何度でもＯＫ。最終的にタイトルを確定する場合のポイントは次の三つ。

1．内容が一目でわかる　2．具体的（イメージ化が容易）である　3．興味を引く

◇考えてみよう

次の上下の二つのタイトルは、どちらがわかりやすく、読み手を誘うだろうか。

1. わたしと書道←→県展で金賞
2. 吹奏楽部に入って←→クラリネットが吹ける
3. 愛犬とともに←→リュウとともに走る

表現スキル②　わかりやすいことばづかいで

書く時は、漢字をたくさん使い、話す時よりも難しいことばを使わなければならないと思い込んでいる人はいないだろうか。判断の基準は、読みやすく、わかりやすいかどうかである。読み手に伝わる文章を書くには、自分がよく理解していることばを使うことが一番である。自分の気持ちに正直に、ことばを素直に選ぶことから始めよう。

参考

「子供の権利条約」

第三条（子どもの最善の利益）

1　児童に関するすべての措置をとるに当たっては、公的若しくは私的な社会福祉施設、裁判所、行政当局又は立法機関のいずれによって行われるものであっても、児童の最善の利益が主として考慮されるものとする。

第十二条（意見表明権）

1　締約国は、自己の意見を形成する能力のある児童がその児童に影響を及ぼすすべての事項について自由に自己の意見を表明する権利を確保する。この場合において、児童の意見は、その児童の年齢及び成熟度に従って相応に考慮されるものとする。

右の「子どもの権利条約」について、アムネスティ・インターナショナル日本支部が、誰にでもわかるようにいいかえた作品を募集した。この「子どもの権利条約翻訳・創作コンテスト」で、最優秀に選ばれたのが次の作品である。

第三条

1　きまりを作る時、きまりに従って何かする時、きまりに従って「いい」か「わるい」かきめるとき、その他いろいろあるけど、僕ら子供のことについて、大人が何かきめる時には、僕ら子供にいちばんいいように、ということを考えてきめてほしい。

第十二条

1　赤ちゃんのうちはムリだけど、少し大きくなったら、いろんなことについて、いろんな意見を、僕らはもつ。それはみんな、他の人に伝えていいんだ、いつだって、自分の好きなように、さ。大人は、特に国は、僕らの年や、成長のぐあいに従って、それに合うように、その意見も、考えに入れてほしい。

横浜市中区　フェリス女学院中学校三年　小口尚子・福岡鮎美

（朝日小学生新聞　一九九四年九月二十日）

どんなことばを使って（ことばの選択）、どのように記述（文字・表記の仕方、ひらがな・カタカナ・漢字の使い分け、ほか）すれば、読み手に伝わりやすいか、この例文を参考に考えてみてほしい。

参考　表記上の注意

漢字の使用率は三割程度にとどめよう。五割を超すと字面が黒々して読みづらい。漢字があれば何でも漢字で書けばよいというものではない。逆に少なすぎると白々と、小学校低学年の教科書のように、分かち書きをしないと意味が取りづらくなる。ひらがな、カタカナ、数字、アルファベットも加わって、日本語は豊かな表記システムを持っている。その分、使い分けに工夫が要る。

次のようなものはひらがな書きに統一すると読みやすい。

形式名詞（事、筈、所、時、物、など）
・私のみるところ、それは正しいことのようです。
ある種の副詞（全く、却って、更に、既に、成程、勿論、など）
・なるほど、それはまったく失礼な言い方ですね。
接尾辞や助詞（等、達、位、迄、程、など）
・そんなことまでするくらいなら、私たちは行きません。
「こそあど」の代名詞や連体詞（此れ、其れ、此処、何処、或る、此の、など）
・ある用事がその日には入っています。
接続用語（従って、尚、又、但し、即ち、それにも関わらず、など）
・それにもかかわらず、またみなさんは
（昭和61年『公用文の書き表し方の基準（資料集）』文化庁による）

(二) 写実的に描く──五感で味（おいしさ）を伝える──

テレビでは料理番組が大流行り。レポーターが試食をして、味を伝えようと四苦八苦している。声のトーンや表情で、ある程度の想像はつくものの、「おいしーい」「さーいこう」「なーんともいえない」の繰り返しでは、視聴者に味が伝わらない。どのように「おいしい」のか、またどのように「最高」なのか。「おいしさ」を効果的に伝える表現を探ってみよう。

おいしさを伝えよう。さて、あなたの一押しの味は？　タイトルを参考に思い出してみよう。

コラム：学問の言葉と暮らしの言葉――生活に根ざした表現を使おう――

「哲学の本は難しい」という人がいる。「哲学」と聞いただけで拒否反応を示す人もある。どうも、哲学者の言うことは初めから難解で理解しがたいものと相場が決まっているらしい。

これは、もちろん哲学者の責任だ。確かに、哲学の扱う事柄の中には本物の難問も少なくない。たとえば、正義とは何か、自由は存在するか、魂は滅びるか等々――こうした問題は、ソクラテス・プラトン以来二千数百年を経て現在もなお決着がついていない。

ところが、少なくとも私たち日本人にとって、哲学の難しさは大抵が言葉遣いの問題である。たとえば、「現存在(dasein)」といえば20世紀を代表する哲学者の一人、ハイデッガー（Martin Heidegger １８８９―１９７６）の用語である。漢字で書くと、いかにも厳めしい。だが、もとのドイツ語はドイツ人なら子供でもごく普通に使っている。それが一度《ひとたび》日本語になった途端に、手の届かない「学問用語」になってしまう。どうやら今まで我が国の哲学者たちは、平易な言葉で根本的な事柄を語りつくす努力が足りなかったらしい。

とはいえ、このような現象はなにも哲学だけのことではない。江戸時代の末以来、我が国は西洋の学問を輸入し続けてきた。それは同時に、外来の思想や技術を日本語で表現するための新しい言葉を作り出す、努力と工夫の歴史でもあった。たとえば「認識」「人権」「愛」「理念」等、この過程で形成されたさまざまな翻訳語は、今では日本語の語彙としてほぼ定着している。私たちは普通これらの言葉の意味をあらためて反省することがない。だが、実は、これらの翻訳語は、いまだに「学問の言葉」なのであって、私たちの日々の「暮らしの言葉」とはなっていないのだ。

その一例が「社会」である。歴史学者の阿部謹也によれば、「社会」という語が使われるようになったのは明治一〇年頃のことだという（『西洋中世の愛と人格』、朝日新聞社、１９９２年）。英語の society の訳語としては、それまでに「公会」「結社」「世交」「人間仲間」等々、実に多様な表現が試みられた。そのような工夫が必要だったのは、society が当時の日本人にとってまったく新しい人間関係を表していたからである。現在では、社会という言葉が受け入れられていると言ってよい。だが阿部は、この語が「一般の家庭や漁場、農村、工場などの現場では、日常会話にしばしば用いられる言葉にはなっていない」（同書、13頁）と指摘している。要するに、社会という語もまた「生活の言葉」とはなっていないのである。

では、私たちはどんな言葉を使えばよいのか？　生活に根ざした言葉はどこにあるのか？　その答えは、たとえば「耳で聞いて分かる言葉」だ。コラムニストの山本夏彦は、『完本　文語文』（文春文庫、２００３年）の中で次のように言う。

> 知るという代りに認識するというのは知識人の悪いくせである。孤立して認識だけならまだいい、理念だけならまだいい、これらを層々累々とつみあげるから分からなくなる。（１７５頁）

このような学問用語は、日本語としてせいぜい百数十年の歴史を持つにすぎない。これに比べ、耳で聞いて分かる言葉は、はるかに古い。「耳で聞いて分かる言葉が本当の言葉で、字からおぼえた言葉は二の次」（同書、１７２頁）だからである。古代ギリシア人も、「文字は話された言葉の影法師にすぎない」（同書、１７５頁）と考えていた。

そのとおりだ。少なくとも、私たちは自分の書いている文章が他人の耳にどう聞こえるか、果たしてそれは聞いて分かる文章かどうか、気配りをしながら書くべきだろう。もしも本当に大切な、難しい事柄に切り込んでゆくつもりならば、言葉遣いの面での難解さは可能な限り避けたほうがよい。借り物の翻訳語を振り回し借り物の知識を云々するような、底の浅いインテリの真似だけはしないように心掛けるべきである。

（中澤　武）

私の大好物

・冬の日のシチュー　・お正月の祖母のおしる粉　・豪快、父親チャーハン
・三時半の豚骨ラーメン　・里帰りと唐揚げ　・弁当選り取りタダ食い
・親子でつまみ食い　・入浴後の牛乳　・四時半の自販機コーヒー　・真夏の楽しみ

◇こう書いてみれば

・「おいしい」と書かずにおいしさを伝えよう。「大好きだ」と書かずに、好きでたまらない様子を伝える工夫をしよう。作文中、「おいしい」「大好き」は使ってはいけない。

・「何とも言えない」「ことばで言い表せない」も禁句。適当な表現に逃げないで、「このことばこそ」と言えるものを探し出す。なんとかことばであらわす努力をしてみよう。

・食べる時間、場所、一緒に食べる人、調理方法など、味をめぐる周囲の状況を表現することも「おいしさ」を伝えるための要素となる。

・比喩は、物事を何かにたとえて表そうとするもので、もしもそれが新鮮なものであればおおきな効果を発揮する。

「ほっぺたが落ちる」「雪のように白い」「舌がとろける」なども、初めて使われたときは効果を発揮したであろう。しかし、今では決まり文句として、あまりに陳腐で、効果は低い。季語として使われる「山笑う」「山滴《したた》る」「山粧《よそお》う」「山眠る」などは、俳句の世界以外ではあまり知られていないせいか、四季の山の変化と共に思わず納得させられる表現である。自分なりの斬新な比喩でおいしさを表現してみよう。

・擬音語・擬態語のように、実際の音や声をまねたり聴覚以外の感覚印象をことばで表現したりする語は、読み

手の感覚に直接的に訴える効果がある。

例文の〈パンの耳〉の「プーン」や「ジュジュッ」、〈揚げごはん〉の「カラッ」、「カリカリ」、「パッパッ」、「ザラザラ」、「サクサク」、〈北京で買った桃の缶詰〉の「うぎゃあ」、「ぐおお」、「ぐぐっ」、「ガツッ」、「ぐりぐり」など、一つの擬音語・擬態語がその場の状況を見事に描写する。よく観察して、ぴったりの擬音語・擬態語を創造してみよう。

表現スキル③ 五感や客観的スケールを効果的に使う

五感（視・聴・嗅・味・触）を働かせて、対象を正確に描きだす。色、形、大きさ、音、におい、味の種類、触れた感じなど、読み手の理解を促進するために、できるだけ客観的に再現しよう。

「明るい」「多い」「大きい」「厚い」「軽い」「高い」などの形容詞は、書き手、読み手により把握の基準が異なるため、特定の「一つ」を表現するにはふさわしくない。万人に共通する定規（数値）を使って表示すると、ありのままに近い姿で伝えられる。

◇考えてみよう

・体格のいい男性　→　身長一八五センチ、体重九〇キロの警察官
・にぎり寿司の大きなネタ　→　厚さ一センチ、長さ八センチのイカ
・温かいスープ　→　寒さで痛む頬とかじかんだ指が、スープの湯気で動きを取り戻す

（作品例）

私の大好物

①　パンの耳

「犬ですか」「いいえ、僕です」パン耳は見下されている。透明なビニール袋にどさっと一キロほど詰め込まれている。朝、袋から二枚取り出す。一枚はそのまま、二枚目はチーズをのせトースターに入れる。紅茶を入れる間にプーンと香ばしい匂いが漂う。チーズがジュジュッと音を立て始めた頃、皿に移す。紅茶を一口飲んでかぶりつく。チーズが柔らかく糸を引く。熱い。生人参をかじる。二枚目に杏ジャムを塗り、二杯目の紅茶を注ぐ。

②　揚げご飯

昔、母がよく作ってくれた。炊いたご飯を乾燥させて、油でカラッと揚げる。熱々でカリカリのご飯の上に、塩をパッパッとふって食べる。学校から帰ってくると、おやつ代わりによく作ってもらったものだ。簡単で素朴な食べ物だけれど、ポテトチップスやチョコレートよりも御馳走に思えていた。深いお皿に、揚げたてをザラザラと入れて、おおきなスプーンですくって、サクサク食べる。今でも私は、ご飯が余ると油で揚げて食べている。

③　北京で買った桃の瓶詰め

「うぎゃあ」「ぐおお」開かない。もう幾駅過ぎただろうか。隣の中国人が笑っている。「貸してみろ」手真似で言う。「ぐぐっ」彼の手に力が入る。「だめだ」彼は首をすくめて見せた。北京で五元で買った桃の瓶詰め。西安まで丸一日の汽車の旅。これが開かないと今日一日断食だ。腹がなる。仕方ない。ボールペンを取り出し、ガツッと蓋に突き刺した。ぐりぐり回して穴を大きくする。「ヤッタ」黄色い、大きな桃がようやく出てきた。

表現スキル④　文体（常体・敬体）を使い分ける

直接語りかけるような、語り手（書き手）と聞き手（読み手）を強く意識する場合は敬体、論文やレポートなど実質的な内容だけで勝負するなら常体。どちらでなければいけないというものではないが、考えなく混用すると幼稚な感じがして、読み手を混乱させてしまう。スピーチで、準備した常体の原稿をそのまま読み上げると、聞き手を配慮しないぶっきらぼうさが感じられる。メモは常体で準備しても、語りかけるときはやはり敬体（「です・ます体」）であろう。

＊二百字作文は、レポートの文体の基礎練習をかねているため、常体で統一する。

参考　裁判員の心得

次の参考は、裁判員制度に関する新聞記事である。太字部分は直接「説示」することを意図して敬体で語りかけるように書かれているのに対して、記事本文は常体による解説である。

新書版の書籍などで、広く一般読者を対象にしたものには、敬体で語りかけるように書かれたものも見受けられる。なるべく多くの読者にわかってもらいたいという書き手の願いが、この文体を選ばせるのだろう。文体は、文章の目的と読み手に合わせて選ぶとよい。

2年後に導入が迫った裁判員制度で、裁判官が裁判員に刑事裁判の鉄則を説く「基本講座」（説示）のガイドライン案が決まった。裁判員が判断するうえで最低限必要な考え方の枠組みをわかりやすく示す。裁判員制度に関する規則を作る最高裁の委員会の準備会が10日、まとめた。５月の委員会で正式に示される。

まず、刑事裁判は検察官の証明をチェックするものとの原則を示す。

被告人が有罪であることは、検察官が証拠に基づいて証明すべきことです。検察官が有罪であることが証明できない場合には、無罪の判断を行うことになります。（太字部分はガイドライン案）

「事実の認定は、法廷でチェックされた証拠に基づく」という基本も確認される。

被告人が有罪か無罪かは、法廷に提出された証拠だけに基づいて判断しなければいけません。新聞やテレビなどで見たり聞いたりしたことは、証拠ではありません。ですから、そうした情報に基づいて判断してはいけないのです。

法廷での手続きが終わると、被告人が本当に起訴状に書いてある罪を犯したか、話し合って判断する「評議」に移る。

裁判では、不確かなことで人を処罰することは許されませんから、証拠を検討した結果、常識に従って判断し、被告人が起訴状に書かれている罪を犯したことは間違いないと考えられる場合に、有罪とすることになります。逆に、常識に従って判断し、有罪とすることについて疑問があるときは、無罪としなければなりません。

評議で誰が何を言ったかについては秘密にするよう、念押しする部分もある。ただ、「公開の法廷で見たり聞いたりしたことや裁判員を務めての印象などは、他の方にお話しいただいても構わない」と付け加えている。

「基本講座」は、裁判員制度が実施されれば、公判が始まる前、検察官、弁護人が同席する場で説明されることになりそうだ。

（朝日新聞、二〇〇七年四月十一日）

㈢　エピソード（出来事・物語）を描く

毎日、さまざまな出来事が起こる。しかし、それらも書き留めることがなければやがて忘れさられてしまう。つい最近、あるいは子供の頃に、「ドキリ」としたこと、「ヒヤリ」としたこと、思わず涙ぐんでしまったことなど、ないだろうか。読み手が「それでどうなったの」と思わず膝を乗り出してしまうような、そんなエピソードをひとつ書いてみよう。

どんなエピソードが書けそうか、これまでの受講生のタイトルを参考に思いを巡らせてみよう。
・コンビニで味わった屈辱　・ある冬の朝の出来事　・痴漢との遭遇
・深夜の奇跡　・たったひと言　・クロの秘密　・森の中

◇こう書いてみれば

物語る際の三要素は、舞台と登場人物と事件である。時・場所が設定され、登場する人物がそこで行動すれば、事件が起こる。会話文と地の文の説明が加われば、物語は自在に動き出す。

始め・中・終わりの構成で、発端・出来事・結末の順で書き進めると失敗がない。いつ・どこで、何が、どのように始まり、経過し、最後にどうなるか。読み手が、経過途中で成りゆきがつかめなくなったり、最後はどうなったのかと疑問を抱いたまま終わったりすることのないように、時間のずれをなくし、筋道を手際よく書き込もう。


（作品例）

①　森の中

中二の夏休みが終わりに近づいた頃、家の前にパトカーが停まっていた。休み始めに僕は秘密基地を作ろうと思い立って、スコップ片手に森の中で穴を掘っていた。友人四人も加わって、一週間ほど夢中で掘り続け、深さは二メートル、幅も1メートル以上の大きな穴になっていた。ところが、その穴を見つけた人が怖くなって警察を呼んだらしい。悪いことをしたつもりはないが、母にひどく叱られた。祖父は笑って埋めるのを手伝ってくれた。

② 今日は……

ドンッとベッドから落ちた。目をこすりながら時計を見る。八時三十分。脳が完全に起きないまま、電車の時間を考えた。あと十四分しかない。焦った。さっき打った肩を押さえつつ二、三歩、走った。足を机に強打した。涙をこらえ、着替えをした。ドタバタと下の居間へ。パンを一つ頬張り、学校の準備。そして歯を磨き、パシャパシャと顔を洗う。現在の時刻は三十五分。駅まで自転車で五分。家を出ようとして、気付いた。日曜日だった。

③ 三十円安い方

夕飯を作るのが嫌になって弁当屋に向かった。たまには値段を気にせず食べたいものを食べようと思った。弁当屋に到着し、まず店の外にあるメニューを見て何を頼むか考えた。やっぱり値段は目に入る。食べたいものを二つにしぼり店内へ。まだ迷っていた。結局注文したのは三十円しか違わない安い方の弁当だった。それでも安い方を買おうと思った自分は、節約を意識したのだろう。それなら最初から自分で夕飯を作った方が安かったのに。

参考

「…、小説は作家の頭のなかの空想とか、妄想から生まれるのではなく、現実のなかに隠れているのだ。その現実を体験した人が、それを言葉にしたとき、それはそのまま物語になる、というふうに思えてきます。」

小川洋子『物語の役割』（ちくまプリマー新書、二〇〇七）

表現スキル⑤ 叙述の順序（時間順）を考える

かわいがっている猫がいなくなって、家族みんなで心配しながら探し回った出来事を書くならば、タイトルや書き出しで「戻ってきた三毛」と書いてしまっては、どんな表現上の工夫も効果がゼロになってしまう。作品例の「森の中」は興味をひく書き出しから回想に移る。「今日は……」と「三十円安い方」は短時間の時間経過による丁寧な叙述である。

始めから終わりへと続く時間順が書きやすく理解も楽だが、文章のテーマに合わせた配列の工夫も必要である。一度書き終えてから、推敲過程で順序を入れ替えてみることもできる。時間順は、読み手の理解を助ける叙述の基本である。

表現スキル⑥ 首尾（書き出しと書き結び）を照応させる

文章は一般に、時間的に展開する。その展開の糸口は、書き始めの一文にある。なかなか書き出せずに悩むことが多いが、文章全体にふさわしい書き出しの一文として考えると、案外すらりと決まることもある。あまり構えずに気楽に書き出して、後で書き直すのも一法である。

三つの作品例の書き出しと書き結びを取りだして、それぞれ続けて読んでみよう。書き出しで場面、書き結びで結末がそれぞれ手際よく提示されている。首尾（書き出しと書き結び）を続けて読むだけでも、中の展開が予想できる無駄のない書き方である。

参考

＊書き出し・書き結びに配慮する

書き出しは短距離走のスタートにも例えられ、作品全体の成否につながる大きな影響力を持っている。特に、短い文章の場合、書き出し文の担う役割は非常に大きい。少ない字数で、効率よく伝えるために、なるべく早く、読み手を内容に引き入れたい。独りよがりの弁明や、不必要な前書きにスペースを割くことなく、いち早く内容に入るのがよい。

＊無駄な書き出し例

わたしの大好物

……大好物はと聞かれても、特に思い出せないが、強いてあげれば、ウインナーコーヒーが大好物です。

……食べることが好きな私は、どれもこれも好きな物ばかりで、大好物をひとつに絞れない。みんなは一体どんな物を好物というのだろう。

最後近くになると、まとめようとする意識が強く働き、ついついありきたりな決意文になったり、読み手に問題をあずけるような疑問形になったりする。二百字作文でなら、書き納めは一文で十分である。無駄のない一文で結ぼう。

＊書き出し文・書き結び文例

書き出しの文	書き結びの文
	………
昔、母がよく作ってくれた。	………今でも私は、ご飯が余ると油で揚げて食べている。
「うぎゃあ」「ぐおお」ひらかない。	………「ヤッタ」黄色い、大きな桃がようやく出てきた。
もう待てない。	………「おまたせ！」

メロスは激怒した。……………勇者は、ひどく赤面した。（太宰治「走れメロス」）

指先から煙草がおちたのは、月曜の夕方だった。……………写真機のシャッターがおりるように、庭が急に闇になった。

（向田邦子「かわうそ」『思い出トランプ』新潮文庫）

㈣ 人物を描く

身近でよく知っている人を観察して、その特徴をとらえてみよう。一度文章に描き出してみると、それまでとりわけ何とも思わなかった人が、違って見えてくることがある。ことばにすると、それまで意識することのなかった側面が明らかになるためである。描いた人物に、これまでとは違う感情が生まれるかもしれない。

だれを描いてみようか、これまでの受講生のタイトルを参考に思いを巡らせてみよう。

身近な人物を描く

・面倒見の良い兄　・近所の元校長先生　・悪魔のような祖母の笑顔　・兄貴教師

・お母さん、「大丈夫」。　・負けず嫌いの祖父　・ゲーム機で豹変する友人

◇こう書いてみれば

その人物のイメージが読み手の脳裏にはっきりと浮かぶように描き出すにはどうすればいいだろう。

身近な人の場合、どうかすると主観的な感情に流されがちである。あまりに近い恋人や感情的にもつれた関係にある人はやめておこう。孫の立場から見た祖父母、息子から母親、娘から父親、近所のおばさん、クラブの顧問や担任の先生など、心理的にやや距離があり、かつよく知っている親しい人が描きやすい。

「好きだ」「嫌いだ」「似ている」「あんな風にはなりたくない」といった書き手の主観をいくらことばで説明しても、描写対象の人物の様子は何ひとつ読み手に伝わらない。どこがどのように好ましいのか、あるいは嫌いなのか、主観

のもととなった人物の姿や行動を具体的に描写しよう。

洋服の一部を描写すれば本人のセンスが見える。目の動きや輝き具合を書き込むと、人物の心理が想像できて文章に奥行きが出る。照れ屋、頑固、恥ずかしがり屋、あたたかさ、ほのぼのとしたユーモア、思いやり、など、その人物の性格や人柄を、日常のエピソードや習慣的な行為、表情や動作（会話を含む）で具体的に描くとよい。それが、読み手のイメージ化を助ける。

二百字に描かれた事柄を通して、その人物に対して抱いている書き手の主観的感情が自ずと読み手に伝われば、その人物描写は成功したと言えるだろう。

参考

人物描写の着眼点

来た客はルントウである。一目でルントウとわかったものの、そのルントウは、私の記憶にあるルントウとは似もつかなかった。背丈は倍ほどになり、昔のつやのいい丸顔は、今では黄ばんだ色に変わり、しかも深いしわがたたまれていた。目も、彼の父親がそうであったように、周りが赤くはれている。わたしは知っている。海辺で耕作する者は、一日中潮風に吹かれるせいで、よくこうなる。頭には古ぼけた毛織りの帽子、身には薄手の綿入れ一枚、全身ぶるぶる震えている。紙包みと長いきせるを手に提げている。その手も、わたしの記憶にある血色のいい、丸々した手ではなく、太い、節くれだった、しかもひび割れた、松の幹のような手である。

（傍線引用者）『故郷』魯迅（竹内　好訳）

本文に傍線をつけた描写の際の着眼点（背丈・丸顔・目・頭・身・全身・手）を参考にしよう。全身の概容と細部の詳細な描写を交えて、ルントウの全体像が効果的に描き出されている。

（作品例①）仕事好きな祖父

朝四時三十分。家の玄関が開く音がする。寝ぼけたまま窓の外を見ると、祖父がいつものように軽トラに乗って出かけていく。毎朝、早くから田んぼや畑で米や野菜の世話をしている。もうすぐ八十歳になるというのが信じられないほど元気で力もある。私はそのままもう一度眠りにつくが、祖父は仕事着と帽子を身につけて、溌剌とした様子で仕事に向かう。私が「おはよう」とあいさつする十時頃には、すでに汚れた服とやりきった顔がある。

（作品例②）近所の元校長先生

「おかえりなさい」大学の帰り道、柴犬を二匹連れて散歩していた中学の頃の校長先生に会う。「大学の生活はどうですか」孫ほどに年の離れた私に丁寧な言葉で声をかけてくれる。うまく説明のできない私の話にもゆっくりと耳を傾ける。悩んでいる時にはアドバイスを、良いことのあった日や行動のできた日には共感して褒めてくれることもある。六年以上前から変わらない姿にほっとする。「じゃあ、さようなら。明日もがんばってください」

表現スキル⑦　一文を短く（一文一義）

わかりやすい文とは、すぐに意味が理解でき、読み進めやすい文のことである。一つの文には一つの内容（一文一義）を書き込む。あれもこれもと、思い浮かぶままだらだらと一つの文に書き込むと、書き手自身でさえ何がなんだかわからなくなってしまう。読み手はなおさらである。

文章は、一文一文の正確な意味の積み重ねによってまとめ上げられていくものである。二百字ちょうどの短い作文で、一文一文を丁寧に練習しているのも、実はこの目的のためである。

参考

プロの書き手の文章で、一文の長さ（句読点や記号を含む文字数）を確認してみよう。

文の長さ

19文章においては、言葉は常に孤独である。35それはまったく言葉だけの世界であって、どこを眺めても、協力者はいない。46会話において多くの協力者がやってくれた仕事を、一つ残らず、言葉が独力でやらなければならない。43文章を勉強するには、何は措いても、このことを徹底的に頭に入れておく必要があると思う。26この点で、書き言葉は話し言葉と全く条件が違うのである。（全一六九字五文　平均三三・八字）

清水幾太郎『論文の書き方』（岩波新書、一九五九）

26よい文章というと文学的な「名文」を頭に思い浮かべる。42そして、文章を書かねばならない場面に臨むと、「私には文才がないから」と尻込みをする。25これは日本人の文章観の一般的なあり方を示している。33日本人は文章というと文学的な文章を考える傾向を持っているのである。53また、古い日本人は、ちょっと読んだだけでは理解しにくい難解な文章を尊敬するという厄介な傾向をも持っている。（全一七九字五文　平均三五・八字）

樺島忠夫『五つの法則による十の方策　文章表現法』（角川選書、一九九九）

四百字詰め原稿用紙の縦一行は、二十字である。一文の長さは、二行（四十字）からせいぜい三行（六十字）までに納めよう。短いのは、いくら短くても問題ない。三行を過ぎても句点（。）がつかないようなら要注意。書き慣れるまでは、主述のねじれが起きにくい短文を積み重ねよう。紹介した二人のプロの書き手の一文平均字数は三四・八字である。当面の目安は、原稿用紙二行、四十字と考えよう。

表現スキル⑧　ことばを的確に選択する

ことばは、わかりやすさに加えて的確に選択されなければならない。的確の的は、適当の適ではない。的を射るときに適当にというわけにはいかないのと同様、文章を正確につづるためには、一語一語を的確に選ぶ必要がある。

とりわけ動詞。一般的で広い意味をもつものばかりに頼らず、文脈に合った動詞を豊かに使いこなしたい。これまでに書いた二百字作文を振り返ってみよう。「言う」という動詞を、状況にかかわらず、無意識に多用していないだろうか。「言う」にもいろいろな場面における「言う」がある。その場にふさわしい、ぴったりはまることばを使いたい。作品例①「仕事好きな祖父」の「『おはよう』とあいさつする」、②「近所の元校長先生」の「丁寧な言葉で声をかけ」、「褒めてくれる」など、すべて「言う」でも文として成立するが、このように状況にふさわしい動詞が使われていると、場面が鮮やかに印象深いものに変身する。「耳を傾ける」という動詞からは、長年教育にたずさわってきた校長先生の「聞く」ことを大事にする姿勢が浮かび上がってくる。

「言う」「聞く」「思う」「考える」「行く」「見る」「驚く」「泣く」「笑う」など、守備範囲の広い動詞は便利で咄嗟には使いやすい。しかし、その場面にぴったりとはまる動詞は必ずほかにある。ほんの少しでよいから、時間をかけてことばを選ぶ努力をしてみよう。的確なことばの選択が、文章の描く世界を、鮮明なイメージにして読み手に伝えてくれる。

コラム：法律学のリテラシー　その①　―重箱の隅を楊枝でつつこう―

最近では法律問題を扱ったバラエティ番組がとても多く見られますね。皆さんも一度は見たことがあると思います。では、その番組にでてくる法律の条文を実際に読んだことはありますか？　実際に読んでみると、法律には一つの大きな特徴があることに気付きます。それは法律の条文というものが、多くの場合にとても曖昧で包括的な書き方がしてあることです。なぜそのような「曖昧さ」を残すのでしょうか？

それは、法律はいったんでき上がれば、いろんな人々・いろんな事柄に、あてはめなければならないからです。例えば、刑法２３５条では「他人の財物を窃取した者は、窃盗の罪と」するとだけ書かれています。しかし、現実の窃盗には、空き巣、万引き、スリ、ひったくり、車上荒らしなど、様々なタイプがありますね。当然、それらのすべてを法律には書ききれない訳です。だから、それらをまとめて「他人の財物を窃取」という曖昧な書き方をして、あらゆる窃盗犯に対応できるようにしているのです。

この「曖昧さ」は、決していい加減であることを意味していません。計画された「曖昧さ」なのです。法律を作る人たちは、ひとつ一つの言葉を入念に選び抜いた上で、もっとも適切な言葉で条文を完成させています。また一見すると曖昧な言葉に見えても、法律全体の趣旨と整合させれば、その内容がしっかり特定できるように配慮されているものです。

そこには、なにより文章や言葉に対する研ぎすまされた鋭敏な感覚が要求されます。そのような細かな配慮があるからこそ、この社会は法律によって、うまく成り立っているのです。そして、その文章や言葉に対する鋭敏な感覚は、法律家だけではなく、文章を読み書きするすべての人々に必要な要素なのです。皆さんもその鋭敏な感覚をぜひとも養って下さい。

まずは使用する言葉のひとつ一つに注意を払ってみて下さい。例えば、「直ちに」「速やかに」「遅滞なく」というよく似た言葉がありますが、法の領域では明確な区別が必要となります。これらはいずれも時間的な緊急性を表していますが、「直ちに」→「速やかに」→「遅滞なく」の順番で緊急性は薄れます。とても緊急で切迫している場合に「遅滞なく〇△して下さい」とは言いません。その場その場の状況に最も適した言葉を選ぶ必要があります。もちろん法律の専門用語となると、さらに鋭敏な感覚が求められます。

また法の領域では、わずか一語の有無が重要な差異を生み出す場合があります。次の二つの文を比較してみて下さい。「A、B、Cを禁止する」、「A、B、C等を禁止する」。これら二つの文は大きく内容が異なります。つまり、前者では、禁止される事項は、A、B、Cに限られます。しかし、後者では、A、B、Cに該当しない場合であっても、これらに類似する事項であれば同様に禁止されます。「等」の一語が挿入されるだけで、その対象はにわかに拡大される訳です。これはA、B、C以外の不測の事態に備えるための配慮で、このわずか一語の意図的な挿入が将来的に重要な意味を持ってくるのです。

なにやら重箱の隅を楊枝でつつくような話ですが、ひとつ一つの言葉に鋭敏な感覚を持つこと、それは、こちらの意図を相手に正確に伝えるためには、とても重要なことなのです。たった一つの言葉の使い方を誤るだけで、相手に誤解をあたえ、時にはトラブルに発展することもありえます。適切な言葉を使用できるよう、つねに細心の注意を払って下さい。文章を書くということは、その文章に責任を持つことでもあります。まずは正確な語彙を身に付けましょう。そのためには、日頃から辞書をしっかり活用することです。本当にその場の表現として、その言葉が適切なのか、より適切な言葉がないのか、辞書と相談しながら、重箱の隅を楊枝でつつくように、ひとつ一つの言葉を入念にチェックする習慣を身に付けて下さい。

（田中祥貴）

〔練習〕

次の空欄にふさわしい動詞を入れよう。

…著者のことばを読んで、「なるほど」と［　　］たり、「そうかな」と［　　］だり、また は、「そんなはずはない」と［　　］たり、「自分にはどうしてもこう考えられる」と［　　］たりしながら読み進めていくところは、親しい人と取り交わすような、最も深い真実を開いた対話であり、問答であるとも言える。

大村はま『大村はま国語教室』（筑摩書房、一九九一）

どの［　　］にも「思う」や「考える」を入れてしまいそうだが、「　」の中の意味をよく理解した上で、状況に最もふさわしい動詞を適切に、そして豊かに使いこなそう。

参考　類語辞典を使いこなそう

例：

言う……告げる、尋ねる、問いつめる、呼びかける、言い返す、怒鳴る、しかる、わめく、命令する、ささやく、誘う、（大口を）たたく、うめく、ひやかす…

驚く……ぎょっとする、たまげる、息をのむ、目を丸くする、目を見張る、胸打たれる、開いた口がふさがらない、はっとする、きょとんとする、がく然とする…

考える……練り直す、念頭に置く、突き詰める、思い遣る、察する、推し量る、汲み取る、見通す、認める…

泣く……（『類語新辞典』角川書店の「泣く」の項を下に一部引用紹介する）

17 ［袖《そで》を絞《しぼ》る］聞く者ことごとく—。ゆゑなく—べきかは（山家集）　○深く悲しんで涙を流す(雅)

18 ［咽《むせ》ぶ］感激［涙］に—　○息をつまらせて泣く〈噎ぶ〉(文)

19 ［咽《むせ》返《かえ》る］顔を伏せて—　○激しくむせび泣く〈噎せ返る〉(常)

20 ［咽《むせ》び泣《な》き］押し殺したような—の声がする　○むせ返って泣くこと〈噎び泣き〉(常)

21 ［涙《なみだ》に咽《むせ》ぶ］親子が八年ぶりに再会して—　○涙のために声が出ない(文)

22 ［嗚《お》咽《えつ》］話しているうちに—がこみ上げる。声を殺して—する　○むせび泣くこと(文)

23 ［啜《すす》り上《あ》げる］はな［涙］をすすり上げて泣く　○息を吸い込むようにして泣く(常)

24 ［啜《すす》り泣《な》く］会場でかすかに—声がする。バイオリンが—ような音をたてる　○すすり上げて泣く(常)

25 ［歔《きょ》欷《き》］—するような風の音　○すすり泣き。むせび泣き(文)

26 ［咳《せ》き上《あ》げる］悲しそうに—　○しゃくり上げて泣く(常)　⇨075c

27 ［噦《しゃく》り上《あ》げる］子供が—　○息を急に吸い込むようにして泣く(常)

28 ［泣《な》き噦《じゃく》る］少女はいつまでも—のだった　○しゃくり上げて泣く(常)

29 ［噦《しゃく》り泣《な》き］—をしながら話す　○息を吸い込むようにして泣くこと(常)

30 ［むずかる］—子をなだめる　○子供が機嫌を悪くして泣く(常)　⇨329

31 ［夜《よ》泣《な》き］この子は—の癖がある　○赤ん坊が夜中に泣くこと〈夜啼き〉(常)

32 ［忍《しの》び泣《な》き］夜、ふとんの中で—をする。あどけない遺児を見て—する　○声を殺して泣くこと(常)

33 ［貰《もら》い泣《な》き］友人が泣くので思わず—をした　○他の人が悲しむのに同情して共に泣くこと(常)

34 ［男《おとこ》泣《な》き］母をなくして父が—に泣く。登頂成功に—する　○男がこらえきれないで泣くこと(常)

35 ［嬉《うれ》し泣《な》き］苦戦の末に優勝して—する。大の男が—に泣く　○うれしさの余り

㈤　風景を描く（あるいは「絵画をことばで描く」）

（キャンパスから遠景を望む）

一目で見えるものも、ことばで描くとなると難しい。写真や絵画は平面に多くを同時に写し取ることが可能だが、文章はそういうわけにはいかない。選んだ風景の何を描きたいのか。まずはテーマを決め、そのために描く題材を選んで叙述の順序を定めよう。

どこを選んで描こうか。つぎのタイトルを参考に場所選びをしてみよう。

・北駐車場の隅から　・五月の坂道　・プラットホームの見送り風景　・朝の改札
・六号館の正面玄関から　・ホタル祭りの夜　・アルバイト帰りの夜道で

◇こう書いてみれば

描きたいと思った風景のテーマは何だろう。「春ののどかさ」「秋のひかりの美しさ」「夜道の不気味さ」など、いろいろにあるだろう。その際、「のどかだ」「美しい」「不気味だ」といった説明のことばをそのまま使うのではなく、そういう気持ちを引き起こしたその場の様子をありのままに描くことで、間接的にテーマを伝えよう。テーマを情景に語らせるのである。

読者が鮮明な印象（イメージ）を形づくるためには、雑多なものは切り捨て、中心材料を選び取る工夫がいる。テーマからそれる物は思い切って省く勇気を持とう。

表現スキル⑨　叙述の順序（空間順）に方向性を持たせる

選んだ事物は、どういう順序で書き進めればよいのか。風景の場合は、空間順に叙述する必要がある。映画やテレビの画像で、カメラが上に下に、また前後左右に決まりなく揺れると視聴者は目が回ってしまって像が結べない。書きことばによる描写も同じことが言える。一定の方向性を持たせて書き進むとよい。読み手は、文章を一文一文読みながら風景を頭の中で再現していくのだということを覚えておこう。

遠景から中景、そして近景へと描き進むか、またはその逆に、近景から中景、遠景へと進めるか。あるいは、中心部から周辺部へと描き広めることも可能である。左手前から右斜め向こうへという斜めの方向性でもよい。

絵画のように、すでに切り取られた一場面なら、まずは全体をおおまかに説明し、その後、細部の描写に進むとよい。直線的に進まなくても、中心部から周辺へ、あるいはその逆でもよい。いずれにしても、文のつながりに一定の方向性を持たせておくと書き進めやすく、読み手もその順序に沿って頭の中でイメージを描くことができる。

表現スキル⑩ 文末に変化をつける

声に出して文章を読んでみると、調子の良し悪しがよくわかる。日本語では、文の終わり方の種類が限られているため、文末表現が単調になりがちである。変化をつけるためには、ある程度の工夫をしなければならない。すでに学んだように、動詞を豊かに使いこなすことに加えて、倒置や省略、体言止め、否定法、推量など、あれこれ工夫を凝らして文末に変化をつけてみるとよい。単調な文章は、幼稚な印象を与えると同時に、読み手を飽きさせて最後まで読む気力を奪ってしまう。

変化をつけることに加えて、文末から無駄を省くことも心がけよう。日本語は、文末にさまざまな主観が書き加えられやすい。「思われる」「感じられる」「うかがわれる」「ではないだろうか」「ではないだろうかと思われる」といった曖昧でぼかすような書き方は避けて、なるべく直截簡明につづるように心がけよう。

（作品例）初夏の風と太陽

初夏の風がヒマラヤスギの梢をゆらし、青く広がる空には、大地や校舎を照らす太陽が眩しい。校舎と校舎をつなぐアーケードや駐車場に並ぶ車に、陽の光がピカリと反射している。六号館の校舎前、シラカバが若葉を軽やかにゆらしている。根元にはカラスノエンドウが生い茂り、地面を埋め尽くす。その周りには、株ごとに赤い花をつけたツツジが咲き乱れる。昼時、背後の校舎の入口から、たくさんの学生が食堂へ向かって移動し始めた。

（作品例）いつしか秋に

窓際にそびえる桜の大木が紅葉を始め、根元ではコスモスが秋風に揺れている。傍らを校舎から学生寮に続く小道が、裏山の麓を辿るように左に伸びている。山の南斜面では、園舎から飛び出した幼児たちが、十月のサラサラした日差しを浴びながらどんぐりを拾っている。紅白の帽子が、木々の合間を見え隠れする。夏の暑さが遠のいたせいだろうか、子供たちの笑い声がやわらかく響く。入学から半年、窓の風景はいつしか秋になっていた。

参考　視線の流れと時間の流れ

中の海の彼方《かなた》から海へ突き出した連山の頂が色づくと美保《みほ》の関の白い灯台も日を受け、はっきりと浮かびだした。間もなく、中の海の大根島にも日が当たり、それが赤えいを伏せたように平たく、大きく見えた。村々の電灯が消え、その代わりに、白い煙がところどころに見え始めた。しかし、麓《ふもと》の村はまだ山の陰で、遠い所よりかえって暗く、沈んでいた。

（志賀直哉『暗夜行路』）

上記の文章が、どのような叙述の流れを持っているか、出てくる順に取りだしてみよう。中の海　↓　連山の頂　↓　美保の関　↓　灯台　↓　大根島　↓　村々　↓　麓の村

これらを見ると、遠くのものから順々に近くのものへという順で描かれていることがわかる。もしこれが、遠景の中の海や連山の様子を描いたあとに村々のことが書かれ、再び美保の関に戻ったりすると、読み手はイメージを結ぶのに苦労するだろう。わたしたちはふつう、遠景から近景を見るか、あるいは、その逆か、どちらかである。描写する場合も、その流れに沿うことが、読み手のイメージ化を助けるのである。

名文中の名文といわれる志賀直哉の描写文が、視線の流れに沿っていることがよく理解できるが、同時にこの文章

は、時間の流れにも沿っている。朝陽が順々に照らしていく、太陽の光の流れに沿った描写である。まずは高い山の頂、次にその先の灯台、中の海の島、村々、そして最後は、まだ光に照らされていない麓の村、という順である。目の動きも、光の変化も、ともに自然の流れに沿っていることが読むものに臨場感を感じさせるのであろう。

選択課題：絵画をことばで描いてみよう

◇こう書いてみれば

・まずは全体（概略）を大づかみに示し、その後、部分（詳細）を描くとイメージしやすい。
・叙述の順序（空間）を考慮し、方向性を決めて描写を進める。

ルノワール
「ピアノの前の少女たち」

・絵画について、構図・色・筆のタッチ・遠近法など、わかる範囲で詳しく描こう。
・絵の中の事物の位置関係がよくわかるように、文のつながりに気をつけて（指示代名詞、同語反復、接続詞、位置詞、ほか）書き進む。

作家の文章で、絵画の描写方法を学んでみよう。

参考　「ピアノの前の少女たち」

姉妹らしい二人の少女が、仲良く寄り添ってピアノに向っている。白いドレスを着て青いベルトを締め、ブロンドの髪に同じような青い色のリボンをつけた妹らしい少女は、椅子に腰を下して、片手で譜面台の上の楽譜を支え、もう一方の手を鍵盤に載せて、一生懸命練習している。首のまわりに白いレース飾りをのぞかせた赤い衣装をまとった姉らしい少女の方は、その傍らに立って片肘をピアノにかけ、もう一方の手で妹の座っている椅子の背をつかみながら、優しく妹の練習ぶりを見守っている。（ここまで二二六字）その姉の余裕ある態度と、半ば唇を開きながら真剣そのもののような顔で練習する妹の表情とのコントラストは、異った響きによって成り立つ和音のように微妙な諧調を奏でている。このようないわば音楽的な効果は、この画面の随所に見出されるものである。

ピアノの台に渦巻型の装飾模様がついていたり、譜面台のわきに唐草模様ふうの真鍮の燭台がつけられていたりするところを見ると、このピアノは、豪奢とは言えないまでもかなり立派なもので、趣味のよい少女たちの服装とともに、富裕な中流階級の家庭を偲ばせる。ピアノの上に載せられた陶製の花瓶や、緑のカーテンの奥に見える室内セットなども、その雰囲気にふさわしいものと言えるであろう。

（高階秀爾『続名画を見る目』岩波新書、一九七一）

〔練習〕「ピアノの前の少女たち」の例文と「こう書いてみれば」の手引を参考に、次の写真を二百字程度で描写してみよう。

長野県・二〇〇七写真県展
新人の部特選一席
「気持ちいいよ」
横山綾子氏
（撮影者許諾により掲載）

(六) 解説や説明の文章を書く

データを正しく説明する練習をしてみよう。グラフに示されている事実をことばで説明し、分析してから解説を加えるのである。感想は加えない。まずは、データを正確にことばに移しかえるのである。次に解説で、データから読み取れる事実をもとに、意見を述べることになる。

a．子供との同・別居についてグラフから何が読み取れるだろうか

下のグラフを使って練習してみよう。

◇こう書いてみれば

まずは、データを正確に記述する。その後、記述事項から導き出せる社会情勢を自分なりに読み取り、意見をまとめる。

・図表やグラフの数値を正確に記述する。
・書きことば特有の表現を身につける。
・意見は最後に簡潔にまとめる。

図表やグラフを説明するための練習をしてみよう。

〔練習1〕高齢者の意識について、「子供との同・別居」のグラフを参考にして空欄を埋めなさい。（①～⑦の解答は次々頁に記す。）

子供と将来同居と考えている者は、前回調査からさらに減少している。

子どもとの同・別居についてみると、「現在同居しており、将来も同居のまま」が①［　　］％と最も高く、次いで、②［　　　　］が19・9％、「現在別居しているが、将来はわからない」が17・2％の順となっている。

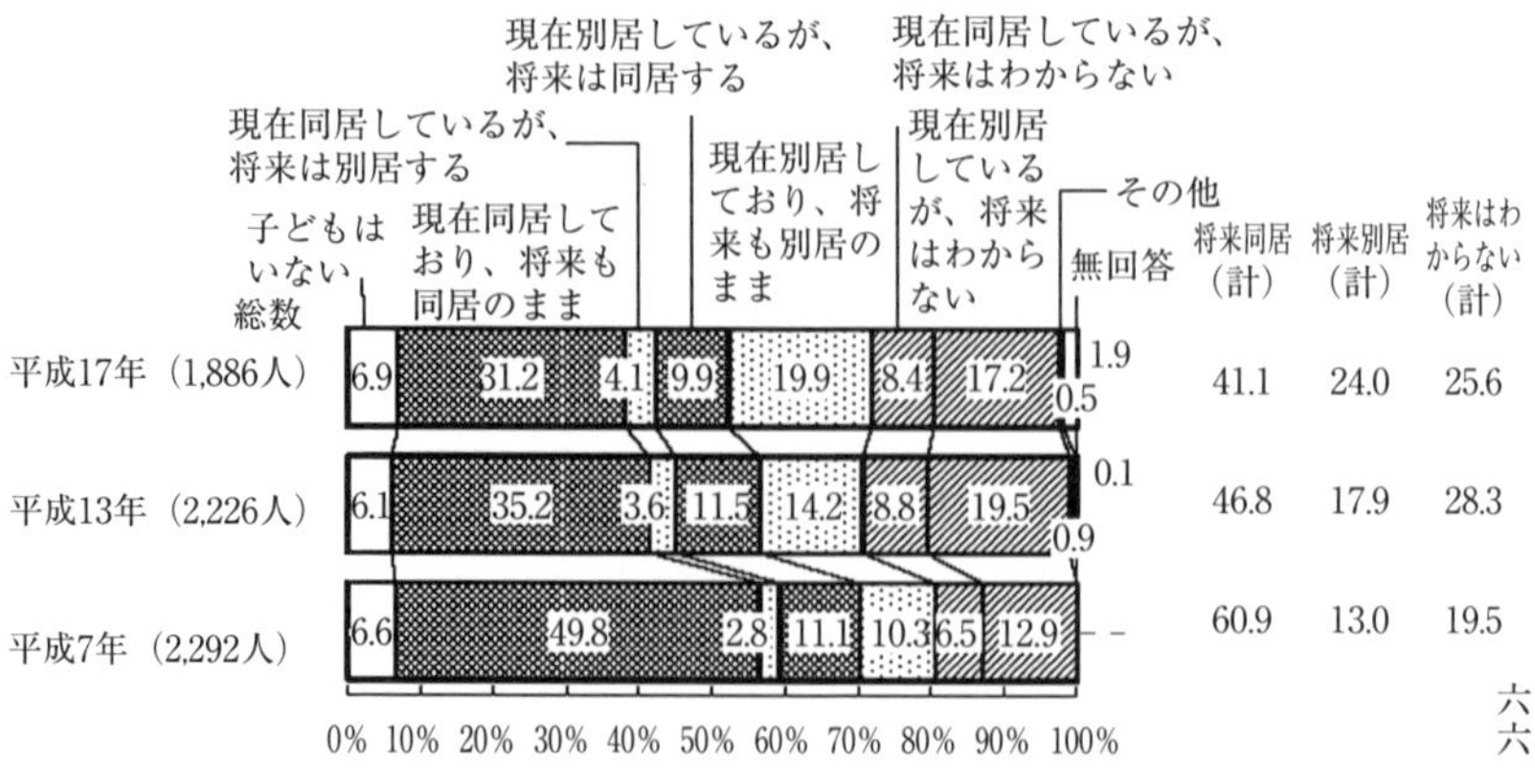

（注）平成7年は、子どもの同居の有無や将来の同居予定といった複数の質問を組み合わせて数値を出した

子供との同・別居（内閣府・高齢社会　高齢社会対策に関する調査・資料より）

これを、将来の意向でまとめてみると、「将来同居（計）」が③[　]%と4割を占め、次いで、④[　　　　]が25・6％、「将来別居（計）」が⑤[　]％となっている。

前回調査（平成13年）との比較では「将来同居（計）」の割合が減少し（46・8％→⑥　％）、⑦「　」の割合が増加している（17・9％→24・0％）。

（注：太字は中心文・傍線部は、グラフの説明の際によく使われる表現）

〔練習2〕 練習したグラフから得たデータをもとに、意見を二〇〇字でまとめてみよう。（解答例、次頁）

◇こう書いてみれば

1、はじめの一文にグラフから読み取れるおおまかな傾向をのべる。

2、中の文で、意見の根拠となるデータを示す。

3、2をもとに意見を述べる。

（最後に意見を述べる尾括型の構成であるが、始めに意見を述べる頭括型で書いてもよい）

表現スキル⑪　推敲する

推敲の一番の味方は「時間」である。一週間寝かせる時間があれば、あたかも他人の文章のように、自分の文章を客観的に点検することができる。これまで二百字作文で学んできた表現スキル（①から⑩）やレトリック（効果的に伝えるための表現の工夫）を観点にして、できる限り回数を多く読み直すことである。

もしも可能ならば、身近な人に読んでもらうとよい。高校生以上なら誰でもよい。第三者の視点で、わかりづらいところを指摘してもらうのである。内容は「自分にしか書けない（個性的・主観的）こと」だが、表現は「だれが読んでもわかるよう（普遍的・客観的）に書いた文章」であることが肝心である。くれぐれも独りよがりの文章にならないように気をつけよう。

［練習1・解答］

子供との同・別居についてみると、「現在同居しており、将来も同居のまま」が①31・2％と最も高く、次いで、②「現在別居しており、将来も別居のまま」が19・9％、「現在別居しているが、将来はわからない」が17・2％の順となっている。

これを、将来の意向でまとめてみると、「将来同居（計）」が③41・1％と4割を占め、次いで、④「将来はわからない（計）」が25・6％、「将来別居（計）」が⑤24・0％となっている。

前回調査（平成13年）との比較では「将来同居（計）」の割合が減少し（46・8％→⑥41・1％）、⑦「将来別居（計）」の割合が増加している（17・9％→24・0％）。

［練習2・解答例］

（尾括型）

高齢者の老後の生活形態が大きく変化している。平成7年から17年度にかけて「同居率」が20％近く減少、同時に、「将来の同居率」もほぼ20％の減少である。17年度の「将来別居」と「将来は分からない」を合わせるとほぼ50％で、「将来同居」の41％を超している。13年度を堺に、逆転減少が生じている。今後この傾向が助長されることはあっても、再逆転は考えづらい。高齢者の福祉は家庭から福祉機関に脱却せざるを得ないだろう。

（頭括（双括）型）

高齢者の福祉は家庭から福祉機関に脱却せざるを得ないようだ。平成7年から17年度にかけて「同居率」が20％近く減少、同時に、「将来の同居率」もほぼ20％の減少である。17年度の「将来別居」と「将来はわからない」を合わせるとほぼ50％で、「将来同居」の41％を超している。13年度を堺に、逆転減少が生じている。今後この傾向が助長されることはあっても、再逆転は考えづらい。高齢者の老後が全面的に公機関に委ねられる日が近いのではないか。

b．女性の就業について、グラフから何が読み取れるだろうか

近年、多くの女性が就業するようになっている。その傾向を統計データで確認してみよう。

〔練習３〕 グラフを記述する文章を書いてみよう。

＊グラフのアルファベットの〝M〟に似た曲線は「M字カーブ」と呼ばれている。

〔練習４〕 グラフに現れている変化と関係する社会現象は何か、話し合ってみよう。

・十五～十九歳の女性の労働人口が昭和四十八年より平成十五年の方が少ないのはなぜだろう。

・M字カーブの右ずれとカーブの浅さは何によるものだろう。

〔練習５〕 グラフの説明とそれについて意見を述べる文章を書いてみよう。４００字程度。

◇こう書いてみれば

はじめに全体の傾向を大づかみにし、次に詳細な説明をする。最後にデータを引用しながら意見を述べる三段構成にするとよい。

中の段落では、二つの折れ線グラフのそれぞれについて、データを入れながら詳しく説明する。それぞれ特徴的な部分についてきちんと

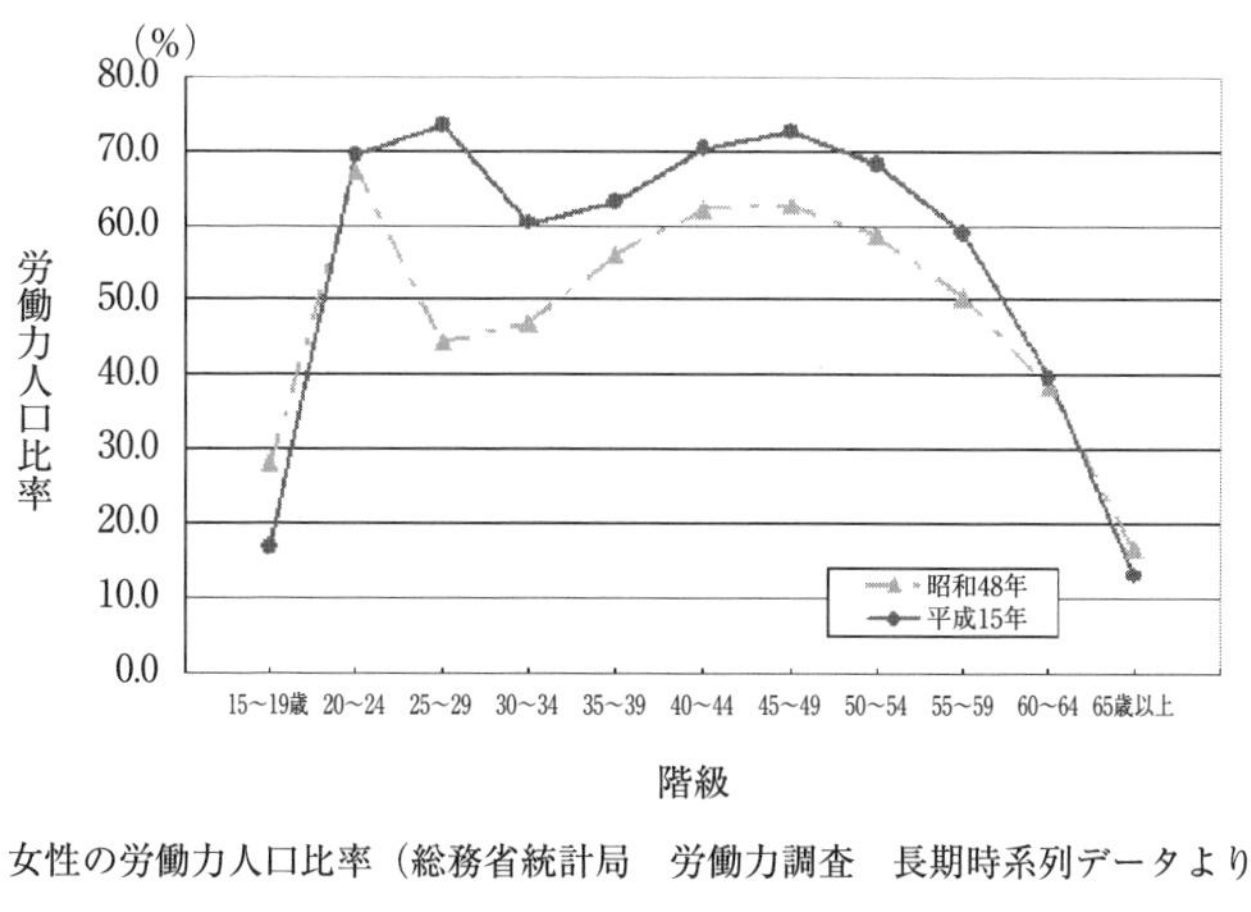

女性の労働力人口比率（総務省統計局　労働力調査　長期時系列データより）

押さえておくと、後で意見が述べやすくなる。最後に、二つのグラフを比較しながら、意見を述べる。

㈦　応用・発展：二百字作文を積み重ねてレシピを書く

二百字作文の練習を重ねて、短いものならかなり早く書けるようになった。日本語の文字・表記にも慣れ、使用語彙もじょじょに豊かになってきた。書き慣れさえすれば、書くことはそれほど苦痛なものではない。書くことは、話すことよりもむしろ、じっくりと考える余裕があるだけ、楽な側面もある。

基本の一段落が書ければ、後はそれを積み重ねるだけで、どのような内容にも対応できる。各段落内の内容を整理して、これまでと同じ要領で少し長いものに挑戦してみよう。

〔応用練習〕　得意料理のレシピを書いてみよう

いつでも誰かに教えてあげられるように、好きな料理、おいしい料理、伝えたい料理をレシピにしてまとめてみよう。

◇こう書いてみれば

全体を五段落構成にし、内容は次のようにして書いてみよう。

1、料理の紹介　2、材料　3・4、前、後半の調理プロセス　5、食べ方と味

・調理器具や火加減、調理方法についての用語も手近な料理本を参考に確認しよう。

（作品例）お勧めレシピ――水餃子のゴマだれかけの作り方　　中国人留学生

水餃子は中国の伝統的な食べ物で、正月に家族や友だちが集まって、大勢がいっしょに作って楽しむ料理であ

る。近頃では、水餃子は中国人だけでなく外国人にも人気がある。手近にある好みの材料で、簡単に作ることができるのも魅力だ。以下では、中国で一般的な水餃子の作り方について説明する。焼き餃子とはひと味違うツルリとした喉ごしとサッパリした味わいを試してほしい。

四人分の材料は次の通りである。

ギョウザの皮…一袋（二十四枚）

挽き肉のたね：豚挽き肉…一二〇g、キャベツ…二〇〇g、太ねぎ…五センチ、

ニラ…三分の一束、しょうが…小一かけ、酒…大さじ一、

塩…小さじ二分の一、しょうゆ…小さじ二分の一、ごま油…小さじ一

サラダ油…大さじ二、ラー油・酢・しょうゆ…各少々

ゴマだれ：大さじで、練りゴマ二、酢・しょうゆ各三、粉がつお一、ラー油少々をよく混ぜておく。ねぎのみじん切りも少し用意しておく。

材料の準備ができたら、まず、挽き肉でギョウザのたねを作る。キャベツは沸騰した湯でさっとゆでてザルに上げ、冷めたら水気をかるく絞って（きつく絞らないこと）みじん切りにする。ねぎもみじん切りにし、ニラは端から細かく刻み、ショウガは皮つきのまますりおろす。豚挽き肉、キャベツとショウガ、酒、塩、しょうゆを合わせてよく混ぜてから、ニラとねぎ、ゴマ油を加えて粘りが出るまで混ぜ合わせる。

次に、餃子の皮でたねを包む。包んだものはキッチンペーパーの上に並べ、きつく絞ったぬれ布巾をかけて乾かないようにしておく。最後に、たっぷりの沸騰した湯にサラダ油大さじ一ほどを加え、ギョウザの半量ほどをパラパラと入れ、浮き上がるまでゆで、網ですくい出して皿に盛る。

あらかじめ作っておいたたれをかけ、好みでねぎを散らして食べる。焼き餃子のように油っぽくないので、つるつると喉ごしがよい。焼き餃子もいいが、たまには水餃子を試してみてはどうだろう。甘めのたれが好みなら、砂糖を大さじ一ほど加えても良い。

三　批評会を開いて互いの作品を楽しもう

これまで、読み手によく伝わり、わかる文章を書く練習を続けてきた。課題ごとに気をつけてきた表現スキルも定着してきたはず。グループ内で作品を交換して、どのように伝わるか、批評し合い。表現スキルの効果を確かめてみよう。

書くことはなかなか思い通りにはいかないが、クラスメートの作品なら、そのおもしろさに気づくはず。表現に即した批評文を書いてみよう。批評文を書きながら、文章を客観的に評価する力を身につけよう。

(一)　批評会の要領

九十分の授業時間内に批評会を終了するには、七、八人のグループが最適である。批評会の要領についての説明と各自の原稿の準備、およびグループに分かれる時間を二十分取ると、残り七十分。批評活動そのものは五十分程度で終了するが、最後に書く自己評価文の作成時間に余裕を持たせるとちょうど良い時間配分となる。

回覧する作文用紙は、巻末の参考資料3のように整え、次の批評例を参考に批評会を開こう。

①　ある日の出来事——バイトの帰りに——　S・S

アルバイトを終え「ああ、やっと家に帰れる」と思いながら、真っ暗な中を駐車場に向かって歩いていた。手は、すでに車の鍵を探しながら。が、ない。内側から鍵をかける癖のあった私の頭に悪い予感が走る。だんだん青くなりながら車をのぞき込むと、しっかり差し込んだままになっていた。その後は大変だった。しかし、いっしょに心配してくれたバイト仲間のおかげで、すぐに解決できた。嫌な出来事だったけれども、良い経験になった。

批評例1

・「手は、すでに車の鍵を探しながら。が、ない。」というところで、それまでのバイトを終えての、ほっとした雰囲気とはがらりと違った感じになっている。「が、ない。」という短い文が場面の急展開に効果的だ。急に慌てて出した表情が目に浮かぶ。

（批評者署名）H・Y

・書き出しの一文、アルバイトを終えての、ほっとした感じがよく伝わってくる。何気ない書き出しだけれど、「真っ暗な中を」というところから、何か嫌なことでも起こるのかな？　と読み手の興味を引くうまい書き方だと思う。

T・K

・前半、文に長短のリズムがあり、ぐいぐいと読み進める。とりわけ、「が、ない。」「・・予感が走る。」の二つの文は、短いことに加えて、現在形で書かれているので、臨場感（あたかもその場の様子が現実に起こりつつあるように感じさせる。）がある。

N・K

・「が、ない。」という書き方が、スピード感があって、あせりの一歩が感じられて、読む方までドキドキさせられる。「手は、すでに車の鍵を探しながら。」という部分も、バイトを終えて、早く家に帰りたいという気持ちが伝わってくる。　S・H

・「だんだん青くなりながら…」というところが、その時の書き手の様子がよく分かって、想像できる。「嫌な出来事だったけれども、良い経験になった。」で、失敗したけれど、懲りたので、次回からは、もうやらないだろうと言う気持ちが伝わる。　U・S

・前半は詳しく、後半は簡潔にという書き方で、始めのドキドキする部分が強調されていて、メリハリのある書き方になっていると思う。どう解決したのか、ちょっと知りたい気もするが…。　S・M

◎〈自己評価文〉

やはり、実際に自分で経験したことだから、テンポよく書けたと思う。ドキッとしたときの様子が伝わったようで良かった。

二百字作文を何度か書いているうちに、読み手に伝わる文章の書き方のこつのようなものがつかめてきたような気がする。タイトル、書き出し、書き結び、文の長さなど、注意点が分かるようになった。始めは苦しかったが、じょじょに楽しく書けるようになってきた。

（本人署名）S・S

②　風景を描く　――心の故郷――　T・Y

静かだ。人の声も物の音も聞こえない。かすかに寂しげな波と風の音が聞こえてきた。枯れてセピア色になった松林を駆け抜けると、そこには深い青の海が広がっていた。ゆっくりと波打ち際に近づく。歩くとサクリサクリと砂が泣く。肌を刺すような冷たい風と迫り来る大波の音がこだまする。砂浜の貝はいっせいに空を見上げている。まるで在りし日のことを夢見ているかのようだ。寂しい場所。でも、安心する場所でもある。私の心の故郷。

批評例2

・「サクリサクリと砂が泣く」という表現が、読んでいても、自分の足にも感覚がよみがえるようでとても印象的だった。　（批評者署名）I・S

・「寂しげな波と風の音が聞こえてきた」という文、いかにも聞こえてきそうで、周りの静けさが際だって上手だと感じた。　N・M

・「セピア色」という色から、現実の場面ではない、思い出の中の風景を描いていることが伝わる。イメージの広がる描写だ。　S・S

・書き手の動きに伴って描写も進むので、その場の様子を思い浮かべやすかった。「砂が泣く」という擬人化や「サクリサクリ」、「セピア色」など、音や色も効果的に使われていて、強く印象に残った。　M・I

・自分もそこに行ったことがあるような錯覚にとらわれた。音、色、肌感覚などを駆使して、詳しく描写されているせいだろう。　A・H

・「泣きたくなるほど寂しい場所。でも、なぜか安心する場所」という書き方、幼い頃の思い出の中に生きる風景として納得できる表現だ。自分の心の故郷に残る風景を探したくなった。　B・H

◎〈自己評価文〉

今、改めて自分の作文を読んでみて、少し恥ずかしくなった。でも、故郷を思い出しながら、懐かしむこともできた。いろいろな人の批評を読み、自分の言いたいことがみなに伝わっていることが確認できて、うれしかった。

二百字というとても短い字数だったが、結構いろいろなことが書けたように思う。書かなければ気づかないことがいくつもあった。書くことで、今までになかった自分に出会えた気がした。書くための題材はどこにでもあった。書き慣れることが大切だと思う。

（本人署名）Ｔ・Ｙ

(二)　批評文の書き方とその観点

授業中の指導者の講評や通信を通して教室内で批評し合った経験を思い出して批評するとよい。前ページの実例を参考に、具体的に表現を引用し（「　」で取り出し）ながら、その表現効果について具体的に述べよう。授業を通して繰り返し練習を重ねた表現スキル（①～⑪）がそのまま批評の観点になる。

二百字作文で学んだ表現スキル（批評用に一部変更）

① 話題が絞られタイトルは内容に合っているか。
② 書き出しと書き結びは照応しているか。
③ 文体は統一されているか。
④ わかりやすい（自分の）言葉づかいで読みやすいか。
⑤ 五感や客観的スケールが効果的に使われているか。
⑥ 文の長さは適当か。（意味が取りやすく、リズムがあるか）

⑦文と文の繋がりは自然で読みやすいか。〔時間順、空間順、接続詞〕
⑧ことばが的確に選ばれているか。
⑨文末に変化があり、無駄な表現はないか。
⑩十分推敲されているか。

上手な点を指摘する

なお、教室で行う批評会では、上手だと思う点についてのみ指摘するようにしよう。間違いを指摘することはしないで、学習したことの中から、表現効果が出ている部分を的確に指摘し、批評するとよい。人の間違いは容易に目につくものだが、上手な部分を見つけるのは意外にむずかしい。上手な部分が見つけられるということは、つまりは、自分が書く場合にもそれが生かせるという証でもある。

署名をしっかりと

批評者は、しっかり署名し、自分の書いた批評文に責任を持ってほしい。批評文が、作品の書き手に意図通りに正しく届いたかどうか、検証するとよい。逆に、作品の書き手は、批評文にわかりづらいところがあるなら、署名を手掛かりに直接聞いてみるのも良いだろう。

(三) 自己評価文を書いておく

グループ内の全員の批評が終わったら、自分の作品の最後に、自己評価文を書き残しておこう。批評を得た後に読む自分の作品は、批評前とはどこか違って見えるはず。日ごろ読む機会の少ない同級生の作品についてはどう感じただろうか。短作文で学んだ表現スキルがどの程度身に付いたか、長い文章の練習に入る前に検証しておこう。

コラム：映画を観て「スタイル」に敏感になる

よい文章が書けるようになる方法は一つしかない。それは、よい文章をたくさん読むことである。このことに異を唱える人はほとんどいないはずだ。

しかし、読書量が少ない割にはうまい文章を書く人もいれば、いくら本を読んでも一向に文章がうまくならない人もいる。そうした差はいったい何に起因するのだろうか。おそらくそれは、読書するときに、文章のスタイル、すなわち「文体」を意識しているかどうかにかかっているのだと思う。

すべての創作物には作者のスタイルが反映している。とりわけ、音楽や絵画、映画などではそれが顕著である。映画の例を引こう。西部劇の保安官と無法者が拳銃で決闘する場面だ。二人が向き合って立っている。ある瞬間、二人はほぼ同時に拳銃を手に取り、ともに引き金を引く。バギュバギューン。銃声が響く。無法者は倒れるが、保安官は平気なままだ。

こうした一連のシーンを表現する方法はさまざまである。一《ワン》カットで撮るのか、複数のカットで構成するか。クロースアップを用いて二人のそれぞれの表情を丁寧に示すのか、ロングに引いて両者をともに画面に収めることでその緊張関係を示すのか。スローモーションを使うか使わないか。スタイルの違いはさまざまな形で現れる。

映画鑑賞でスタイルの違いを意識するようになったら、今度はそれを読書にあてはめよう。ひとつの文は長いか短いか。漢語が多用されているか、大和言葉が多いか。体言止めを使っているか。そうした分析を最初は意識的に行ってみる。やがて、無意識のうちにそれができるようになるはずだ。

そうして自分なりのスタイルが確立できれば、しめたものだ。それが自分にとっての「よい文章」である。

（下野隆生）

補講

使用説明書（マニュアル）の書き方を練習しよう

グラフや挿し絵のついた文章が多く出回っている。身近な実用品にも、現在では高度な科学技術が取り入れられているために、使用説明書を読まないと危険なこともある。しかしながら、携帯電話やコンピュータの使用説明書がわかりづらいことはあたかも自明の真理のようである。結局は、使いながら身近な人に説明してもらうのが一番わかりやすいようだ。

読み解く練習もさることながら、どうすればだれにでもわかりやすい解説書や説明書が書けるのか、その練習が求められている。

自分で書いてみて、ようやく読み手（同時に書き手）の立場が理解できるということもある。すでに利用できるものについて、これから新たに使う人に、わかりやすい使用説明書を書いてみよう。

◇こう書いてみれば

実用文は、あくまで実用の役に立つものでなければならない。読み手の立場になって、使用目的を考え、どうすればよりわかりやすい表現になるか、そのことをいつも心に留めておこう。

マニュアルを書くときには、次のような点に気をつけて書こう。

①まとまりごとに分けて、**小見出し**をつける。

②言葉だけの説明が難しい場合は、**挿し絵や図表**を使う。

③先に**目標**を示したり、全操作が**一目で見渡せる図式**をつけたりする。
④専門用語（とりわけ外来語）は機器上の表示と対応させながら，意味がわかることばに書き直す。
⑤一つの文でたくさんのことを言わない。一文には一つの事柄を書き込む。
⑥意味がいくつにも取れるような文を書かない。
⑦不用な説明は省き、精選して、しかも簡潔に書く。

〔**ちょっと練習**〕

1、大文字のTを逆さまに描いてください。

2、その上に三角形を描いてください。

さて、2ステップの簡単な指示だが、どんな絵ができただろう。周りを見回して比較してみよう。

海保博之『くたばれ、マニュアル！』（新曜社、二〇〇二）によると、ほぼ8割の人が木のような絵（△⊥）を描くそうだ。後の2割ぐらいが、グラスのような絵（▽⊥）や、逆さのTと三角形とを重ね合わせた絵（⊥△）を描くという。「その上」の「上」の解釈がさまざまである。操作をことばだけで指示し、意図する目標に到達させるのは、思った以上に難しいことが理解できただろうか。

上記の③と⑥が参考になる。③に言うように、この2ステップの説明手順によって描かせたいものは何か、「目標」を先に伝えてみよう。「グラスの絵を描きます」と言ってしまえば、おそらく三角形の頂点は、迷うことなく、下を向いたことだろう。このように、目標をあらかじめ告げると、心の中に出来上がりのおおまかなイメージが描ける。そのために、複数の意味をもつ指示を得ても、その目標に合わせる過程で軌道修正されるのである。

⑥を参考に、2の指示文を書き直してみよう。1の指示文は、大きさはさまざまになろうが、意味するところは一

つである。問題は2で、三角形が上に向いたり下を向いたり、中には逆さまにしたTの上に重なったりする可能性がある。③で回避することができるが、もしそうでない場合はどのように書き直せばいいだろう。いくらでも詳細に書くこともできようが、目標とする「グラスの絵」が描ければよい。⑦で言うように、簡潔にすることが大切である。

〔続けて練習〕

先の2の指示文「その上に三角形を描いてください」を、複数の解答が出ないように書きかえよう。

回答欄「　　　　」（解答例は次頁）

〔もう一つ試しに練習〕

次の「電話の使い方」の説明文を、下段の条件に従って、書き直しなさい。

〔説明文〕

外線電話をかけるときは、まず「0」を押してピーという音を確認したあと、相手先の電話番号を指定します。また、電話を転送したい場合は「転送ボタン」を押すかあるいは「フックボタン」をすばやく1回押してから、転送先の電話番号を指定する。

〔条件〕

・見出しをつける
・箇条書きを使用する
・用字用語を統一する
・表現形式を統一する

［続けて練習］の解答例

「垂直線の上に、頂点を下にした三角形を描きます。」

［もう一つ試しに練習］の解答例

解答例1

外線電話をかける場合

1、「0」を押してピーという音を確認する。

2、相手先の電話番号を指定する。

電話を転送する場合

転送方法は二通りあります。

・操作方法A

1、転送ボタンを押す。

2、転送先の電話番号を指定する。

・操作方法B

1、「フックボタン」をすばやく1回押す。

2、転送先の電話番号を指定する。

解答例2

電話の使い方

・外線電話のかけ方：「0」を押し（ピーという音を確認してから）続けて相手の電話番号を指定する。

・転送の仕方：「転送ボタン」または「フックボタン」を（すばやく）押してから、転送先の電話番号を指定する。

第三章　書く生活を広げて

スポーツにウォーミングアップが必要なように、よりよい文章を書こうとするならば、やはり書き慣れておくことが必要である。日ごろから筆まめになることを心がけよう。

一　筆記用具を常に身近に

筆記用具はいつも手の届くところに備えておこう。電話の横、居間の机の上、台所のテーブルや冷蔵庫のドア、外出用のカバンの中はもちろん、案外重宝するのが寝室の枕元。寝床について眠ろうとするときに、机の前で頭を絞っていたときにはなかなか思いつかなかったアイデアや考えがひらめくことがある。朝でもいいと寝入ってしまうと、翌朝悔しい思いをするはめになる。思いついたことさえ忘れてしまうこともある。気づいたときにすぐに書き留めるのがポイント。

参考

「思想はしばしば風のようである。散歩の途上や風呂の中などでふっと浮かんで消えてしまう思想がある。一度それをとらえそこなうと永久にそれはとらえられない。そういう風のような思想の去来を、もし忠実に書き記しておいたら、どんなによいだろう」（現代かなづかいに一部訂正）（谷川徹三「日記雑話」昭和九年一月大阪朝日新聞）

二　記録のあれこれ

㈠　手帳・ノート・カード・パソコン・携帯電話

アイデアの源は記録にある。きちんとした手帳やノートを持ち歩くのが面倒なら、好みの大きさのカードや記録用紙を使うとよい。毎日PCに向かう人は専用のファイルを作っておくと紙は不要だ。携帯電話は、文字通り携帯で、常に手元にあることを考えれば、利便性は一番である。携帯電話のスケジュールやメモ機能を活用すれば、ペンやメモ用紙を探し回ったり、書いた用紙をなくしてしまう心配もない。情報は、見出しと日付をつけてファイルでPCに保存しておくといつでも開いて確認できる。電子化されているため、映像も、絵文字のような特殊な記号も音楽も、全て一括して保存できて、応用も簡単である。ただし、ボタン一つで消してしまった場合のことを考えて、大事なものは、ときどきにバックアップを取っておくほうがよいかもしれない。

便利な時代で、利用できる機器の選択肢も多い分、何をどのように自分の生活の中で使いこなすか、それは各自の工夫次第と言えそうである。

㈡　テーマ別記録

・食べもの記録

作家の池波正太郎は、何十年も、毎日、食べたものを記録したという。

一、　トウフの味噌汁、飯、納豆、香の物（ナス）

二、　牛肉アミ焼き、冷酒、サワラの塩焼き

三、きつねうどん

一、二、三、は池波独特の記述方法で、第一食、第二食、第三食の意味だという。おいしかった料理にはしるしをつけ、レストランで食べたときは場所と同席者の名前も記録したようだ。

元「天声人語」担当者の辰野和男氏は、『文章の書き方』（岩波新書）でこのことを紹介しながら、次のように書いている。「鬼平の話にせよ、仕掛人・梅安の話にせよ、よく食べものの話が出てきます。作品に登場する食べものはみな、いかにもうまそうで、季節の細やかな味が出ています。「食べもの日記」のせいでしょう。」

ここでは「食べもの日記」という名前で紹介されているが、これはまさしく日々の記録そのものである。仕事柄、いずれどこかの小説に活用できると考えれば、否応なく細やかで正確な記録を取ることになるのだろう。

・読書記録

読書記録なら、本の裏表紙に購入日時と購入場所、読了の日時と一言感想を書いておく。読み終えた評価として、○（もう一度読みたいもの）、△（それほどでもないもの）、×（おもしろくないもの）を記してみるのもよいだろう。

昆虫の飼育記録や植物の生育観察記録、ダイエットのための体重や献立の記録、遊びや趣味の記録など、各自興味や関心のあることをテーマに定めて始めてみるとよい。

ティームで仕事を進める場合は、各自の記録が報告会の資料となる。大学における学外実習のレポート作成の場合も、正確な事実の記録が、分析・考察の対象となり、意見創出の貴重なタネとなるのである。

㈢　日記

日記は、続けることに意義がある。分かってはいても、仕事でもなければ、書くことを続けることは難しい。何とか続ける工夫はないか考えてみよう。

・楽しむ日記

楽しくなければ続かない。誰に見せるためのものでもない。自分で読めればよいのだから、英語で書いても、ローマ字で書いても暗号で書いてもよい。喧嘩した人の悪口を思いきり書いてうっぷんを晴らすのもいい。

何を書こうか迷ってしまうという人の中に、日記というのは自分のこと以外は書いてはいけないのだと信じている人はいないだろうか。窓から見た風景には季節が見える、身近な人のことであっても自分の意見は書き加えられる。書き記すことは、どこにでもある。

今、はやりの三年連用（五年・十年もある）日記は、一日の書くスペースは少ないが、その日のことを書きながら、去年の今ごろは何をしていたのだろう、来年の今ごろは何をしているだろうかと楽しみながら書き続けられる。

こうでなければという思い込みを捨てて、楽しみながら日記をつけてみよう。

三年連用日記実例紹介

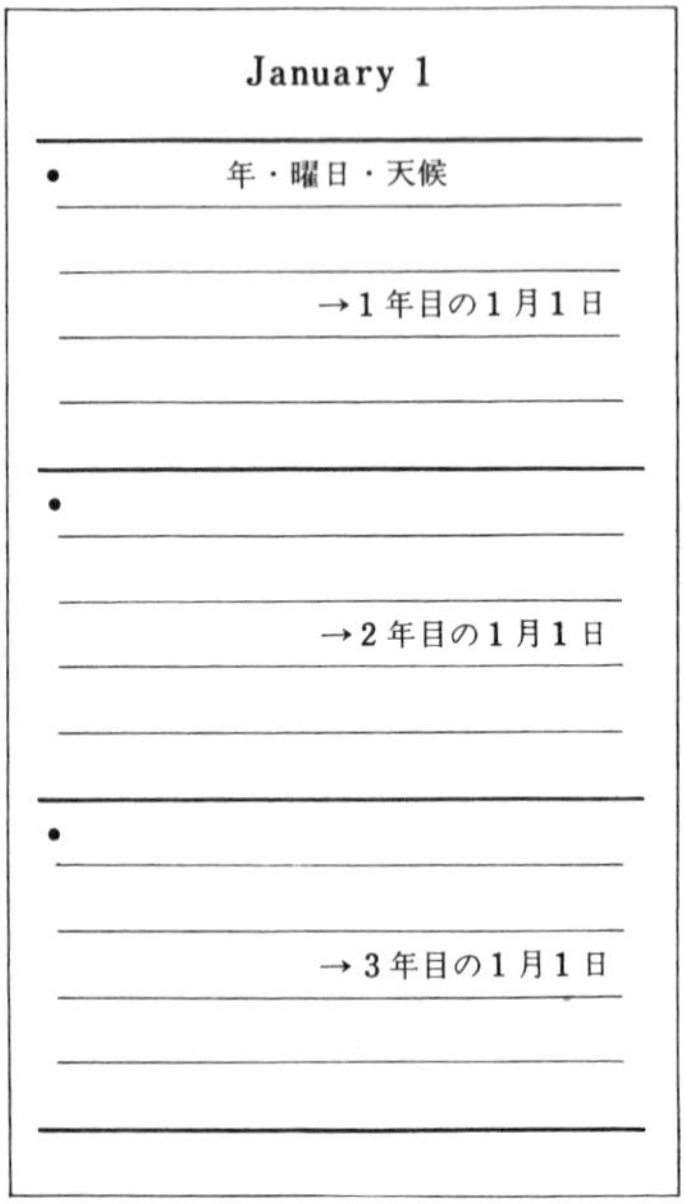

・続く日記

三日坊主の経験は誰にでもあるが、日記を続けるコツは、毎日、ある一定の分量をきっちりと書かなければならないものだと決めつけないことだ。気楽に、一日、一言でも一行でもという気もちで書き始めることだ。そのためにも、日記帳は、あらかじめ日付けのついたものはかえって不都合だ。罫だけ入った、自由な形式のノートを選び、気軽な気もちで始めるのがよい。

短くても、毎日つけたい。時の経過が教えてくれるものは、予想外に大きい。例えば献立日記。一日二日の記述ではわからなくとも、ひと月続けてみれば、家族や自分自身の好みが歴然とする。

病気や悩みごとなど、日々の生活のなかには、一日、二日で解決しない問題も多いが、一週間、ひと月、半年、一年という、大きな時間の単位で眺めてみると、なにがしかの変化が見られるはずである。一日一日の内容にそれほどこだわることはない。有名な作家の日記にも、「特記事項なし」という日がある。

＊三行日記例

（大学入学後、初の連休中五日間の三行日記）
五月一日（土）曇り
東京から、仲間たちが帰ってきた。ぐちでもなんでも聞いてやろう。一番恵まれているはずの私だから。
五月二日（日）曇り
戸隠へ。市内の蒸し暑さが信じられないほど涼しい。どの山も競って春をにおわせている。
長野をいとおしく思える瞬間。
五月三日（月）晴れ
夜のにおいが好きだ。特に雨上がりがいい。言葉では表現できない。体が感じる快感。どんな一日でも、すばらしく変えてしまう。
五月四日（火）晴れ
家事をしながら、いつか持つはずの自分の家庭の姿を思ってみる。少しこそばゆい。が、次々と思い浮かぶ理想像は果てがない。
五月五日（水）晴れ
野球大会で後輩や恩師たちに会う。もう高校生ではないことを痛感した。自分が望む望まないに関わらず、確かに成長している。

・役立つ日記

生活の中で、忘れては困ること、いつまでも覚えておきたいことなどを、日記帳に記しておくと備忘録となって重宝する。

レポートや原稿の締め切り日、合宿やコンパの予定、返信の必要な私信の受信日と返信予定日など、目立つように書き出しておくと忘れずにすむ。何度も繰り返し確認のために開くことになりそうな事柄については、特別に欄外に目立つように書き出すなり、色の違う筆記用具を使うなりして、自分で使い勝手の良いように工夫する。

備忘録として役立たせるためには、何らかの出来事のあったときには、その日時はもちろんのこと、場所、関係者の名前、連絡先など、正確に書いておくことである。

小遣い帳や家計簿と兼ねるのもよい。生活に直接必要なことならば、毎日開くことが習慣になる。

・ケイタイ日記

一日に何十通も打つメールを、日記代わりに保存するソフトもある。絵文字も写真もそのまま記録として残せる。わざわざ別に日記をつけなくても、友だちとの対話のようすがまるごと保存可能で、日々の活動もそのまま記録できる。これまで紙の日記が続かず、三日坊主に泣いた人も、これなら、今までのどんな日記よりも確実に記録として残せそうである。ただし、何ごとも残せばよいというものではなく、見出しや日付（期間）をきちんとつけて整理しておかないとただのゴミになってしまう。

・インターネット日記

ウェブ上に日記を公開するのも刺激的だ。一方通行でなく、読み手から反応が得られるのも魅了的である。ただし、それは同時に、知らないもの同士、匿名が可能となれば無責任な発言もしたい放題ということになる。個人情報の保護という観点からも、気をつけるべき点は多い。便利なものにはその分さまざまな制約があることも忘れないように。

三　ノートはレポートのタネ

ノートを取るのは大学生の仕事である。何のために取るかと考えると、講義を理解するためというより、後で思い出してもう一度考え、それをもとにレポートを書いたりテストを受けたりするためのものであろう。

テストの前に、真面目で頼り甲斐のある友だちに、ノートをコピーさせてもらった経験はないだろうか。出席した者でなければ知り得ない講師の発言が、漏らさず、しかも整理されて、美しい字で記録されているノートは、聞き手の頭脳を一度通っている分、録音よりも分かりやすい。

もっとも、ノートは人に貸すために取るものではない。自分が、後で見て役立つノートにするには、何といっても記憶に残る書き方をする必要がある。どんな工夫が考えられるだろうか。

1、見出しをつける。……べた組のような書き方では、後で読む気が起きない。
2、番号を振る。……順序が分かれば、思考の筋道がたどりやすい。
3、説明のことばと具体例とを対応させておく。……抽象と具体の往来が理解を確かにする。
4、挿し絵や図も省かない。……ことばで分からないことも、絵や図が理解を助ける。
5、色や下線、矢印などの符号を活用する。……ことばは線状的に連続して展開するけれど、符号を利用すれば、空間移動や不連続な時間移動もある程度理解可能になる。
6、質疑応答の内容も記録する。……第三者の視点が、理解を深めてくれる。
7、自分の意見や感想は、講師のことばと区別して記入する。……自らの気づきが、貴重なレポートのタネになる。

レポートは、講義をもとに生じた素朴な感想や疑問をもとに、課題を設定し、調査、分析、考察の後、自らの意見を加えてまとめる文章である。

ノートは、講師の話を整理して記録し、そこに自らの気づきや考察を加える二段構えにしておくと、後で利用しやすい。これに対して、レポートは、参考文献で調査したことが加わり、それをもとにした分析・考察部分があり、最後に意見を述べてまとめる三段構えとなる。授業中にノートを取る段階で、二段構えまでがすんでいると、レポートに取りかかる時間が格段に早く、楽になる。（第四章、五．ノートからレポートへ　参照）

四　通信文（手紙・メール）の形と心

ここでは、よりよいコミュニケーションの観点から、伝統的な手紙と急速に普及しているメールのそれぞれのマナーについて考えてみよう。

(一)　手紙の書式

ＰＣやケイタイなど、便利な機器がこれだけ普及しても、手紙が根強く残って活用されているのは、伝達の方法として優れていて、非常に重宝だからである。

出典は明らかでないが、次のことばを聞いてなるほどと思ったことがある。

「手紙は自分の時間を贈るもの、電話は相手の時間を奪うもの」

固定電話が携帯に変わっても、むしろ携帯だからこそ、相手の都合お構いなしに、所かまわず呼び出し音を鳴らす非礼は忘れてはならないだろう。

手紙をもらうのはうれしいけれど、書くのはどうしても面倒だという人には、便利な書式を活用することを勧めたい。好きなことを好きなように書けと言われるとかえって難しいが、ある種の決まりがある場合は、その「型」を利用し、「型」に心を盛り込めばよい。自由に書くための「型」と考えるのである。手紙文に残る作法（書式）は、長い歴史の中で育まれてきた先人の知恵の集積とも言える。それを使わない手はないだろう。覚える必要はない。手近に一冊常備して、手紙を書くときにその都度参考にすれば、何度か書くうちに、必要な作法が身に付き、いずれ自分なりの書式が定まってくる。「手紙で自分の時間をプレゼントする」と考えれば、これほどすばらしい贈り物はないだろう。

自分で選んだ便箋と封筒に、季節や時事にふさわしい切手を貼って、手書きでしたためた手紙には、何物にも代え難い魅力がある。

改まった手紙を書いてみよう

〔**練習**〕お世話になった実習先の先生（恩師・あるいは目上の親族・知人など）にお礼状を出そう。

◇こんなふうに書いてみれば

・礼状は、なるべく早く出す方がよい。日が経てば経つほどかえって書きづらくなる。

・封書で（葉書でなく）、便箋・封筒は白色または単色の無地がよい。父親の会社名の入ったものやホテルの便箋・封筒などを使うのは先方に対して失礼である。

・黒か濃紺のインクで、万年筆がよい。ボールペンはなるべく避ける。誤字、脱字には十分気をつけ、あいまいな字は必ず辞書で確認する。一度下書きをしてから書くと便箋上にバランスよく字配りができる。

・自分のことばで心からの感謝の気持ちを伝える。礼状の文例を書き写しただけのものは、状況に合わないことが多く、相手を白けさせ、お礼の気持ちが伝わらない。
・書式（「型」）に沿って簡潔に記す。あまり長々書くと、忙しい相手に迷惑になる。
・先方を考慮して、言葉づかいに気をつける。手紙文は、通常の話しことばよりも一段敬意の高い言葉づかいをするのが普通である。この章の五にある「敬語を使いこなすために」を参考に基本的な敬語を正しく使って書こう。特に尊敬語と謙譲語の使い分けに注意して。

縦書きの場合

（実習先に宛てた礼状例）

前文
冒頭語　拝啓
季節の挨拶
先方の安否を問う挨拶

主文
起辞　さて
本文　御礼のことば
実習中に学んだこと
今後に向けて

拝啓
初秋の空がさわやかな季節となりました。
○○学園のみなさまには、お変わりもなく、お健やかにお過ごしのことと拝察申し上げます。
さて、夏休みには、実習で大変お世話になりありがとうございました。

短い間ではありましたが、今回の実習は、私にとりまして、将来につながる大変有意義な体験となりました。

食事、排泄、着替えなど、子供たちを指導することは予想以上に難しく、おろおろと子供たちに振り回されるような場面が多くありました。

敬語を適切に使いこなそう。

文中の傍線部は敬語

・尊敬語
・謙譲語Ⅰ・Ⅱ
・丁寧語
・美化語

ある一人の子どもの食事介助をしたときのことです。とつぜん泣き出して、おかずのお皿を後ろに放り投げるということがありました。私は、どうしてよいかわからず、立ち往生してしまいました。その時、クラスの先生に、食事の時間は、子どもとの信頼関係を築く大切な時間であることを教えていただきました。子ども一人ひとりの障害に合わせた対応と丁寧にコミュニケーションを取ることの必要性を学びました。それまで、子供たちに対して、消極的で受身だった私自身の姿勢を反省しました。

　今回の実習の課題は、職員の皆様がどのように子供たちや保護者の方々と信頼関係を築いていらっしゃるかを理解するというものでした。五日間の実習では、十分な理解にまでは達していませんが、いくつかポイントはつかめたと思っております。子どもに何か伝えるときは、ゆっくり、はっきり、大きな声で、伝える。叱るときは子どもの目を見て真剣に叱り、褒めるときは思いっ切り褒めてめりはりをつける。このような基本的なことが、子供たちとの信頼関係を築く上で重要なポイントだと知りました。

　大変お忙しい中、実習の最終日には、日誌を読んでいただいた上に、質問にもお答えいただいたり、貴重なアドバイスをいただいたりと、ほ

末文

終わりの挨拶・おわび

先方の健康を祈ることば

後付け

結語　敬具

日付　本文より下げる

署名　　　姓名

宛名敬称　　先方は姓だけ

んとうにお世話になり、ありがとうございました。今回の体験は、今後のボランティア活動、専門の学習や実習、さらには将来の仕事にもつながるものと確信いたします。どうか、これからもご指導よろしくお願い申し上げます。

最後に、未熟なために、実習中にあれこれと皆様にご迷惑をおかけしましたことをお詫び致します。

御礼が遅くなりまして、申し訳ございませんでした。○○学園の子供たちにも、どうかよろしくお伝えください。皆様のご健康とご活躍をお祈り申し上げます。

大変お世話になり、ありがとうございました。

敬具

平成二十年九月二十九日

福田啓一

○○学園園長

柳沢先生

＊横書きの場合、いろいろな書式があり一つに定まっていないが、次の例では、日付と宛名敬称を前文の前の最上段に記し、結語と署名を後付けとした。縦書きに従うと、宛名が署名よりも下の最下段に来る。それを避けるための

ひとつの方法である。

横書きの場合（伯父に宛てた御礼と近況報告の手紙）

2008年9月29日

伯父様

拝啓

ようやく秋らしい、暮しやすい頃となりました。

皆様お変わりもなく、お元気にお過ごしのご様子何よりと存じ上げます。

夏休みの帰省中には、私の就職に関しまして相談に乗っていただき、親身にお気遣いくださいまして、ほんとうにありがとうございました。大学に戻りましてからは、就職活動に忙しく、すぐにも御礼を申し上げるべきところ、たいへん遅くなってしまいましたこと、お詫び申し上げます。

さて、この度、かねてから希望しておりました○○学園への就職がかなうことになりました。大学の近くにある小規模な児童福祉施設ですが、大学で学んだことがそのまま仕事に生かせる、私には願ってもない就職となりました。この施設には、ボランティアとして長く手伝っていたこともあり、知り合いの職員の方々も大勢います。仕事で困ったときには、近くの大学に戻って、ゼミの先生に指導をお願いすることも可能です。

まだまだ学生気分の抜けない私で、きちんと勤まるかどうか不安もありますが、四月からは精一杯働いて、ご心配をおかけした皆様のご恩に報いたいと考えております。春休みには帰省して、ごあいさつに伺い、ご報告申し上げるつもりです。

まずは、書中にて御礼かたがたご報告申し上げます。

季節の変わり目です。どうぞお体にはお気をつけてお過ごしください。

敬具

阿部　真之介

書き慣れないうちは、形式的な部分は用語や用例を活用するとよいだろう。要は本文で、簡潔にしかも十二分に感謝の気持ちを伝えることである。

参考 手紙の用語と用例

前文

1 冒頭語

一般的な往信の場合

拝啓　拝呈　啓上　謹啓　粛啓　恭啓

漢語で、いずれも「謹んで申し上げます」の意。徐々に敬意が高くなる。「拝啓」がもっとも一般的で、私用・公用の別なく、敬意が違っていても使える。受取人が目上、目下のいずれでもよい。

一筆申し上げます　謹んで申し上げます　久々にお便りいたします

女性は、書き下し文でやわらかく表現したり、冒頭語を省き直接季節のあいさつから始めることも多い。現在では、男女ともに漢語の冒頭語を用いることに抵抗はないようだ。

返信の場合

拝復　復啓　啓復　御書面拝読　御状拝見

お手紙ありがたく拝読いたしました　○月○日づけのお手紙、確かにいただきました

前文省略の場合

前略　略啓　冠省

前文お許しください

「前文を略して申し上げます」の意。この場合には、「前略」の後に「早速ですが」「他でもありませんが」「承りますれば」「かねて申し上げましたように」などの起辞を使うと書きだしやすくなる。

＊冒頭語は一字下げにしないで書く。次の文は一字あけて続けてもよいし、改行してもよい。

＊死亡通知、弔問文、出火・病気・災害見舞いなどには拝啓、謹啓、急啓、前略などを使い、気候のあいさつなどは略して「承りますれば…」などですぐに主文にはいる。

2　時候のあいさつ

その時々の寒暑・自然・天候を身近に感じたまま素直に簡潔に表現すればよい。常例文も時季にあったものであれば便利に使える。

例文

〔春〕

三月：日毎に暖かくなって参りました。／庭の彼岸桜が色づきはじめました。

四月：春の日ざしがふりそそぐ、好い季節になりました。／桜が散りすぎ、葉桜の頃となりました。

五月：風薫る青葉の季節となりました。／吹く風もさわやかな季節となりま

した。

〔夏〕

六月：蒸し暑い日が続いております。／梅雨空のうっとうしい頃となりました。

七月：梅雨明けも間近になって参りました。／本格的な夏の訪れを感じる今日この頃でございます。

八月：連日厳しい暑さが続いています。／残暑のたえがたい毎日でございます。

〔秋〕

九月：朝夕ようやくしのぎやすくなりました。／さわやかな秋になりました。

十月：ようやく秋らしい暮らしよい季節となって参りました。／金木犀の匂うこの頃でございます。

十一月：菊薫る霜月となりました。／晩秋とは思えない小春日和が続いております。

〔冬〕

十二月：年末を迎え、何かと気忙しい頃となりました。／寒気が日毎につのって参りました。

一月：軒のつららが日増しに長くなり、厳しい寒さが続いております。／野も山も白一色に眠っております。

二月：寒さの中にも、日足に早春の気配が感じられます。／枯れ草の根元にふきのとうを見つけました。

3　安否のあいさつ

冒頭語・時候のあいさつに続けて、先方の安否をたずねたり、先方が無事であることを祈ったりする。あまり細かくたずねたりしないのが普通。

目上の人、例えば恩師に出す場合は、私信の場合でも、返事を要求するようなたずねるかたちにはせず、「先生にはお変わりもなくお元気にお過ごしのことと拝察いたします」というふうにするのが無難。

相手側

その後いかがお過ごしでしょうか。お伺い申し上げます。

先生にはますますお元気でご活躍のことと拝察申し上げます。

皆様お変わりなくお過ごしの御様子、何よりとお喜び申し上げます。

自分側

おかげさまで私も元気に通学しております。

私ども一同、おかげさまで無事に暮らしております。他事ながらご安心ください。

＊死亡通知、弔問文、出火・病気・災害見舞いなどは、時候のあいさつも安否のあいさつも感謝のあいさつも省き、拝啓、謹啓、前略いずれかの冒頭語を使って直ちに主文に入る。

4　感謝やおわびのことば

日ごろは何かとお世話になり、心から感謝しております。

在学中は、懇切丁寧なご指導を頂きまして、本当にありがとうございました。

5　面識のない人に対するあいさつ

＊このあいさつは、時候のあいさつなどを省き、「拝啓」などの冒頭語の後、すぐに記す。

いまだ御面識を得ませんのに、突然お手紙を差し上げます失礼をどうぞお許しください。

初めてお手紙でおじゃまいたします失礼をお許しください。

6　自己紹介のあいさつ

＊前項の特別のあいさつに引き続いて書くあいさつ

私は、平素法律学科で鈴木先生に御指導を受けております佐藤太郎でございます。

小生、かねてA社の鈴木健司氏から御紹介いただいた佐藤次郎でございます。

御高著はかねがね拝読しておりますが、小生……

既に先生の御記憶にはないことかと存じますが、私……

主文

1　起辞

さて　ところで　つきましては　このたび　さっそくながら　ときに

用件は、主文の中に要領よくまとめる。必ず下書きをし、抜かりのないよう気をつける。直接あって話す場合や電話とも違って、書きことばの方がいくぶん相手との距離をとって丁寧な表現になる。自分と相手との親疎・遠近の関係を十分考慮して、手紙文としてふさわしい敬語表現（本章五参考）を使用しよう。

あまり形式張っても冷たい印象を与えるので、素直に思ったことや感じたことをつけ加えることで、心を盛り込もう。一言でも近況を伝える言葉が入っていると一段と親しみの感じられる便りになる。

字は、達筆にこしたことはないが、少なくとも、読みやすいように、正しく丁寧に清書することが大切である。

末文

1　要旨をまとめる

遅ればせながらお礼の言葉と近況の御報告を申し上げました。

まずは、とりあえずお礼申し上げます。

右、取り急ぎ御連絡まで。

2　自愛、繁栄を祈るあいさつ

寒さの折、御自愛の程お祈り申し上げます。

末筆ながら御健康をお祈り申し上げます。

不順の折から御自愛ください。

はるかに御多幸をお祈りいたします。

3　結語

敬具　拝具　敬白　（拝啓、謹啓、粛啓などの冒頭語に対応して使われる）

不一　草々　不尽　（前略、冠省、急啓などの冒頭語に対応して使われる）

かしこ　（女性が使う結語。どの冒頭語にも対応する）

さようなら　ではまた　ごきげんよう　（友人など形式張らずに使う結語）

後付け

1　日づけ

本文より小さめの字で年月日を書く。

書く位置は、本文の後、行を改めて本文より二、三字下げたところとなる。

2　差出人の署名

書く位置は、日づけの次の行の下で、書き終わりを本文より一字ぐらい上で止める。

代筆のときは、差出人の氏名を書いたあと、書き終わりの下に小さく「代」または「代筆」と添える。

妻が夫の代筆をしたときには、「内」と添える。

差出人が二人以上の連名になる場合は、一般には下位の者から順に並べる。

3　あて名

書く位置は、差出人の氏名の次の行の上に、本文と同じ高さにそろえて書く。

文字の大きさは、差出人の氏名よりも大きめの字で書く。

受取人が連名になるときには、差出人の場合とは逆に、上位の者から書いていく。

夫婦連名の場合には、夫の氏名・敬称の左側に「御奥様」「御令室様」「令夫人様」などと書く。

家族一同に宛てる場合には、代表として一人の氏名・敬称を書き、その左側に「御一同様」とする。

＊敬称

様（私信の場合、広く一般的に用いる）
殿（私信では、現在は目下の親族以外には用いない。公文書・商用文・事務用文書・案内状・通知状などに用いら

れるが、徐々に「様」に移行する傾向にある）
先生（恩師に対しては必ずこれを用いる）
御中（会社、学校、官庁、団体などに用いる）
各位（相手が複数の場合に、個人名を省略して用いる。「各位様」「各位殿」とはしない。）

4　脇付け

目上の人に：侍史　御侍史　御座右　玉案下
目上および同輩に：座右　案下　机下　硯北
先生に：尊前　函丈　侍史
父母に：膝下　御前　尊下
＊時代の変化と共に、次第に使われなくなる傾向にある。

副文

1　頭語

追伸　二伸　再伸　なお　なおなお
本文に書き忘れた用件を、手短に、本文よりやや小さめの字で書く。
＊目上の人への手紙や、弔問文などには副文は用いない。

封筒の書き方

縦封筒の場合

（表）

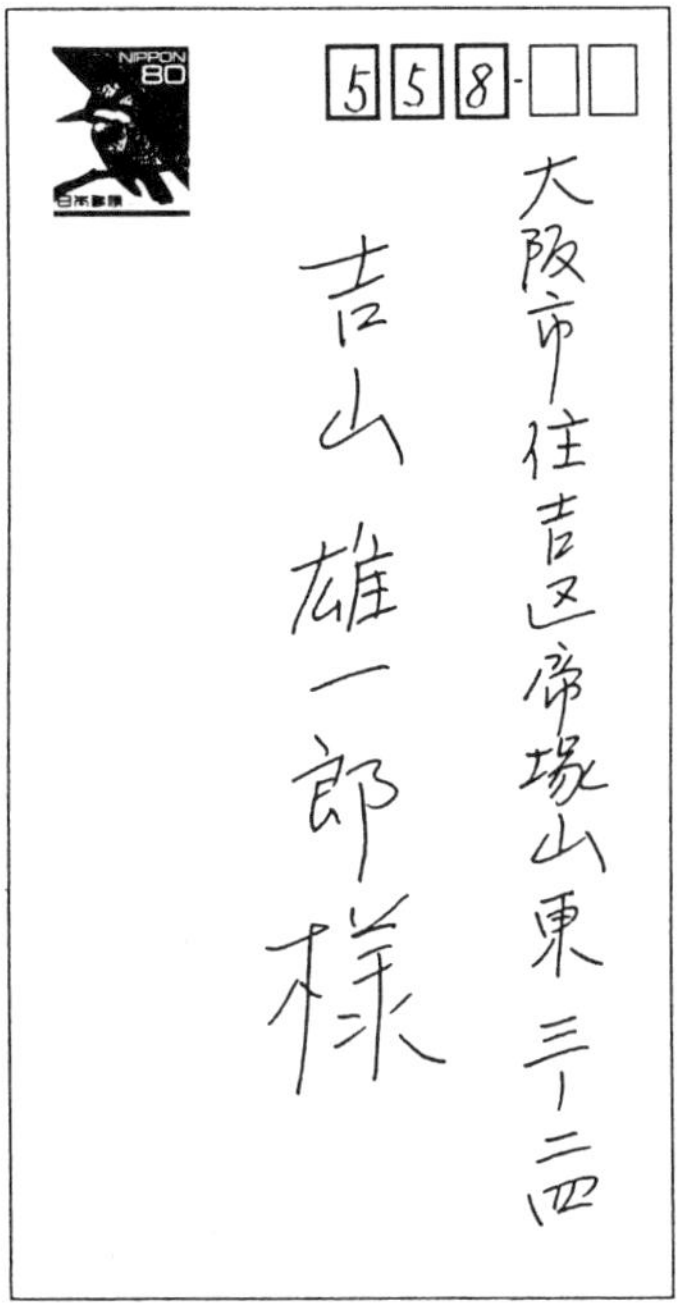

（裏）

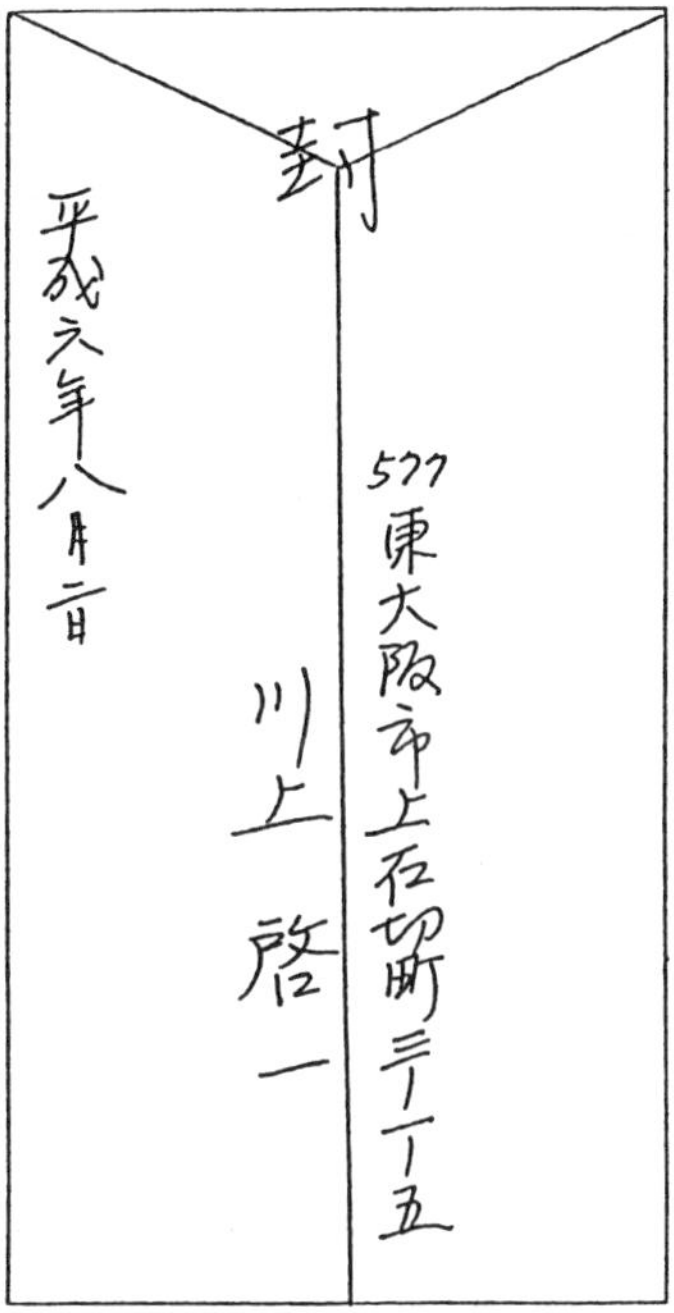

・あて先の住所は、封筒の縦の中心線の右側に寄せて一行に書く。二行になるときは市区町村名までを一行目にいれる。数字が二行にわたると読みづらいので注意する。

・下宿・寄宿先には「・・様方」をつける。住所より少し小さく一字分下げる。

・あて名は封筒の中心線上に乗るようにする。住所よりも幾分大きめの字で、住所より一文字分下げて書く。

・敬称は名前よりやや大きく、夫婦連名のときは夫の名前が右。「様」は必ずひとりひとりにつける。

・「親展」「写真在中」など外脇付けは敬称より下に書く。

・差出人住所は合わせ目の右側に、署名は合わせ目の左側に住所より少し大きく書く。

・住所・氏名をゴム印で押す場合には、合わせ目の左に押す。この場合の日づけは右上。

・封筒の左側に郵便番号を書き入れるマスがすでに印刷してある場合は、ゴム印同様、右上に日づけをいれる。

・「〆」「封」などの封字を忘れない。

・日づけは左側の上方に住所より小さく、元号や西暦もいれて書く。

角封筒の書き方

表書き

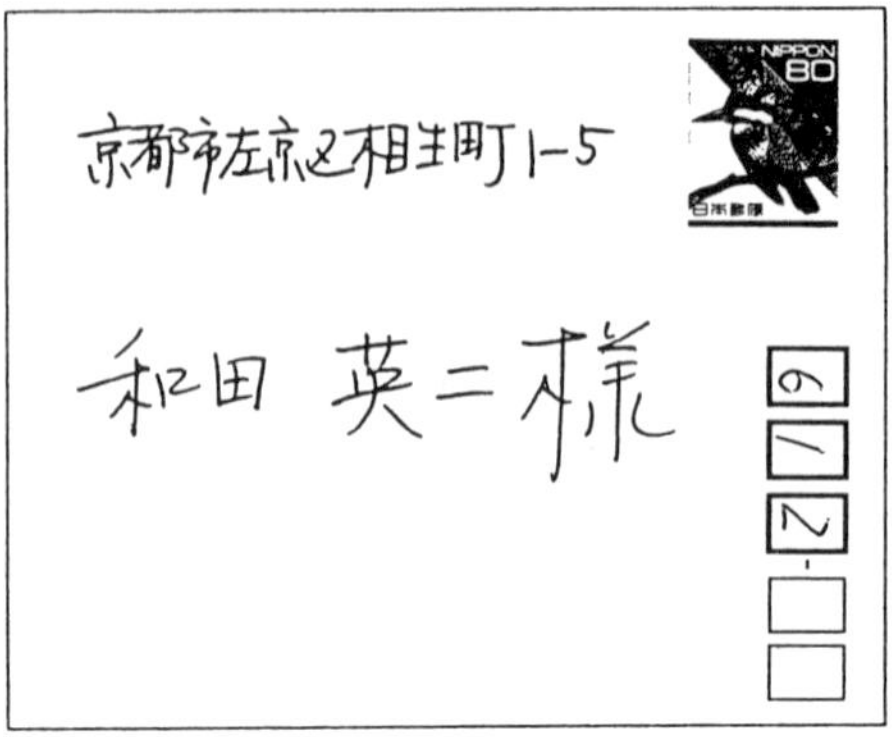

・切手を貼る位置は縦長にして左上、つまり、そのままでいえば、右上が正位置。
・あて先の住所は、封筒の横の中心線の上側に寄せて書き、あて名が中心線に乗るようにする。
・あて名は住所より少し大きめの字で書く。
・封筒を時計の針の方向に九十度回した状態で書く。

角封筒で縦書きの場合
表書きは縦型封筒の表書きと同様

裏書き

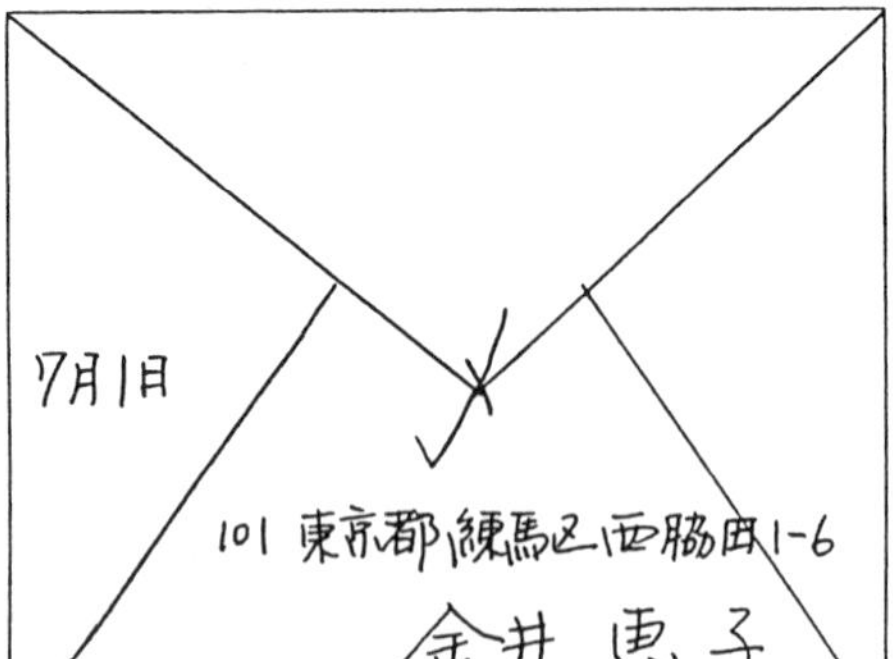

・差出人の住所・氏名は、封筒の裏の、下半分に書く。角封筒の場合は、封をする三角の紙片を上にして書く。
・日づけは、横の中心線の上に書く。

裏書き

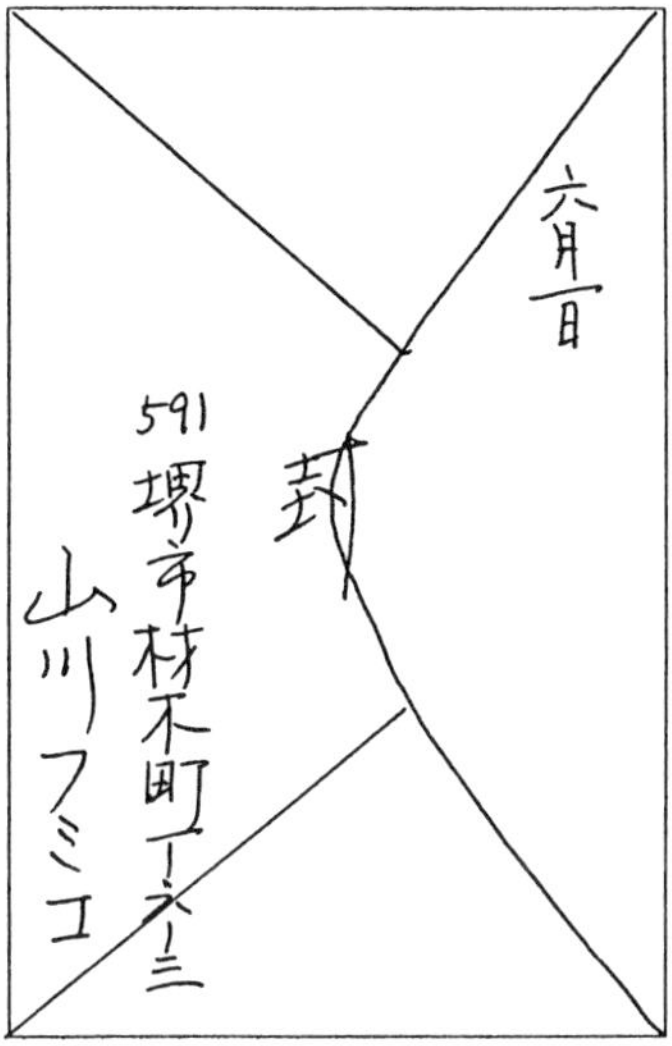

・日付は、紙片の右上に書く。

・裏書きは、封をする三角の紙片を右にして、左側に差出人の住所、氏名を書く。

今後手紙を書くときには、この本を手元に置いて、以上の注意点、また次のような事柄を生かしてほしい。

あて名をまちがいなく

「三島由紀夫レター教室」（一九六八年新潮社）に次のような記述がある。

私は手紙の第一要件だけを言っておきたい。

それは、あて名をまちがいなく書くことです。これをまちがえたら、ていねいな言葉を千万言並べても、帳消しになってしまいます。

相手の姓名の字画をよく見ましょう。

中略

姓名を書きまちがえられるほど、神経にさわることはありません。

私のところへは、いろいろな手紙が来ますが、特に、文学の勉強をしていると称している人から、私の名前をまちがえられると、その人の文学者としてのこまかい神経を疑いたくなります。

私の名前はどういうものか、「三島由紀夫」というのを「三島由起夫」とまちがって書かれることが多い。私は由紀夫であって、由起夫なんていう、だれか知らない人物ではない。「紀」を「起」とまちがえるだけでも、相手の心証を傷つけること大なるものがあります。

とにかく、こんな小さなまちがいは、文中に述べられたおびただしい敬意を、ニセモノと判断させるに十分だからです。

自分の住所は必ず書く

手紙でもはがきでも、便りには必ず自分の住所を書き入れる。旅先からならば、その旨を書き入れた上で、住所を必ず記す。返事はいらないと思っても先方が書きたいと思うかもしれない。あて名やあて先の書きまちがいや変更があって返送される場合、送り手の住所がなければ、その便りは宙に浮いてしまうことになる。

また、住所には必ず郵便番号を書き入れよう。返事を書くときに、わざわざ郵便番号を調べるのは、非常にめんどうである。

筆まめでない人が、電話で返事をくださることもあるので、電話番号も書き入れておこう。相手が住所録を改める際の助けにもなるし、電話でも返事がもらえれば、出した手紙の効果も確かめられるというものである。

手紙には日づけを

森鷗外がしげ子夫人に、「手紙には日づけをするものだよ」と教えたという話は有名である。しげ子夫人からの日づけ付きの手紙への返信には、「十日の手紙が来たよ。こんどはちゃあんと日づけをしたね」とほめて応じている。何につけても、日づけは事実を証明するドキュメントとしての役割をはたす。後付けには本文を記した日づけを、封筒の裏書きには投函の日づけを、しっかりと記したい。

はがきも同様。本文の後にでも、差出人の住所・氏名の上の空白にでも、必ず日づけを入れる癖をつけよう。月日だけでなく、年もいれるとなおよい。

返事は一両日中に

返事は、すぐに書くのがコツだ。一日伸ばせば伸ばすだけ、おっくうになる。時機を逸したていねいな礼状より、短くても、すぐに来た返事には誠意を感じる。

季節や行事ごとに発行される記念切手、あて先や内容に合わせて選べる何種類かの便箋・封筒、官製はがきに絵はがき、そして筆記用具や参考書物など、手紙を書くときの用具をすべて一カ所に常備して、いつでもすぐに手紙が書けるようにしておこう。

一筆箋やカードなども、書き手の負担を軽くして、しかも楽しんで書ける利点がある。

一晩寝かせて投函を

怒って書いた手紙は、書いてすぐに封をしない方がいい。手紙は深夜に書くことが多い。人々が寝静まった後、精神が解放されるのであろうか、気分が高揚するようである。書くことで発散させるのはよいが、そのまま早朝に投函することは避けて、翌朝、もう一度読み直してから封をすべきだろう。たいていの場合はそのまま出す気にはなれないものである。相手を不快にさせ、その後の交際が途切れてしまうような手紙だけは避けたいものである。もっとも、ラブレターを早朝から書く人は珍しいに違いないが・・・。

必ず封字を

日づけに限らず、若い人の手紙に欠けているのが封字である。封字は、書き手の封じ目を、受け手が初めて開くということの証明のためにも、意味がある。

成績証明書や重要書類の封には、「緘」や「締」といった複雑な字が使われる。一般には「〆」という略字が使われるが、これはあくまで「締」という漢字の略字であって、「×」ではない。丁寧にするには「封」という字を使う。おめでたいことの手紙には朱で「寿」の漢字を使う場合もあり、女性ではまだ開けていないという意味をかけて「蕾(つぼみ)」という漢字を使う人もいる。こんなちょっとした心遣いも、手紙の楽しみである。

あて名の敬称

相手が家族全体の表書きは「・・様御内」とし、会社・団体などの場合は「・・御中」とする。恩師にあてたものは「・・様」ではなく「・・先生」がふさわしい。間違っても「・・先生様」とはしないように。「殿」はかつては親が息子に出す手紙など、目下に出す場合の敬称として使われるのが普通だったが、最近は、市役所などの公の機関からくる文書に使われることが多いようだ。しかし、これは徐々に「様」におきかわる傾向にある。

敬称の「様」「先生」等は、後付けのあて名につけるものと封筒の表書きのあて名につけるものとを必ず統一するようにする。

㈡ メールの心得

手紙はほとんど書かないけれど、メールなら平気で何通でも書けるという人が多いのではないか。メールには、今までの「書きことば」と「話しことば」という枠を越えて、相手とつながりたい、何かを伝えてみたいという気にさせる力があるようだ。

とはいえ、メールは、まだまだインフォーマル（非公式）な通信手段である。スピードの要求されるビジネスや友だちとの気楽な連絡には極めて便利だが、冠婚葬祭などの公式な通信、とりわけ喪の挨拶状に、メールはふさわしくない。手紙は長い歴史を背負っている分、洗練された書式を完成させており、目上に宛てた挨拶状も礼を失する心配がない。一方、メールはまだまだ新参者であり、何より、すべての人に開かれたツールではないことを心に留めておこう。

高齢者の多くは、ＰＣやケイタイを常用していないため、メールへの抵抗感も強く、同時に「旧習」へのこだわりも強いことから、嫌悪感につながることも予想できる。ＴＰＯを考慮して、便利だからこそ、心して、相手と目的を見極めて使いこなしたいものである。

次にメールの書式について、具体的に考えてみよう。

メールの書式

①メールでも、あいさつは必要。

②自分が何者であるかを明らかにする。所属を明記すると警戒心が解けて、受信者にメールを読む準備ができる。

③連絡した理由を伝える。

まったく「初対面」の相手には、どこで相手のことを知ったか、メールを書く気持ちになったのはなぜかを告げる。

メール例（①〜⑦は「メールの書式」番号に対応）

件名：「課題探求力Ⅰ」最終レポートに関する問い合わせ／情報学科２年村岡聡

塚越先生

突然のメールで失礼いたします。 …①

長野大学社会福祉学科２年、村岡聡と申します。 …②

昨日三限目の「課題探求力Ⅰ」の授業中に説明のありましたファイルレポートの出し方についてお聞きしたいことがありメールを差し上げます。 …③

…⑦

大学で直接お伺いできればよかったのですが、施設研修のため、昨日から地元新潟に戻る必要があり、出席した友人に説明してもらいました。おおよそ理解できましたが、以下の３点につき疑問が生じましたので、ご指導くださいましたら有り難いです。 …④

…⑦

質問事項３点は以下の通りでございます。

１．教育支援課に提出できないため、帰省先から直接先生のご自宅に郵送させていただいて良いか。

２．作文だけでなく、「通信」もファイルに綴じ込むのか。

３．最終レポートの構成は５段落ちょうどでなければいけないか。

…⑦

お忙しい先生にお手数をおかけしますが、お送りしたこのメールアドレス（実家の父のものです）宛にご回答くださいますよう、お願いいたします。 …⑤

研修と重なってしまいましたが、締め切りに遅れないように提出いたしますので、どうぞよろしくお願いいたします。 …⑥

社会福祉学科２年　F 060541 町村三郎

④本文ではメールの目的をわかりやすくまとめる。
⑤返信の必要性や方法をわかりやすく書く。
⑥結びは手紙の書式より簡潔に、しかし礼を失しないようにまとめる。
⑦段落間に一行ずつ空きを作ると読みやすい。作文のように最初のマスを一マス空ける必要はない。一行は長くせず、画面上で読みやすい長さに統一して改行する。

◇注意しよう

・手軽さの影に落とし穴

メールは手紙より電話に近い親近性があるが、手紙と共通するマナーも残している。なにより、電話とは違って後に活字（証拠）が残る。一気に書き上げたメールは、手紙同様しばらく寝かせた方が無難だ。ワンクリックで送信できてしまう手軽さは、一方で怖さでもある。必ず読み返して、相手の立場から考える余裕を持とう。

・手書きより危険な「誤字・脱字」

変換ミスに注意して、送信前に必ずチェックする癖をつけよう。手書き以上に訳の分からない誤字を引き起こす可能性がある。

・絵文字や符号は年輩の方には失礼な場合がある

まずはことばで、正確に内容を伝える努力をしよう。

・送信先はダブルチェックを

大事なメールを送信したつもりが、実はまったく違う人に送信してしまったとしたら大変なことになる。そうならないために、チェックは入念に。アドレス帳を日ごろからきちんと整理しておくと、いざというときに便利である。グループ登録も、一斉に同一の内容を送信したいときに重宝である。
・複数の宛先に同一の情報を同時に送る場合、受け手の個人情報を守る意味でも、CC（carbon copy カーボンコピー）とBCC（blind carbon copy ブラインドカーボンコピー）を使い分けよう。

五　敬語を使いこなすために

(一)　手紙やメールでは、対面での会話以上に敬語が重要

手紙やメールで欠かせないのがいわゆる敬語表現である。直接会って話す場合は、表情や態度が気持ちを補ってくれる。照れ笑いもお辞儀もできる。ところが、メールや手紙での意味伝達はことばが主体。なかでも、会ったことのない人に出すメールや手紙の場合は、文体がそのまま書き手の印象を決定してしまう。送信者を理解する手掛かりは、本文だけなのだから、よほど用心してかからないと、気づかずに不快感を与え、自らも不利益を被ることになる。

最近の就職活動では、エントリーシート（小作文）が大流行である。これは「足切り」役として使われていると聞く。せっかくの思いが敬語でつまずくことのないように、早めに練習を始めよう。

一朝一夕には難しいので基本的な知識を得てから、少しずつ使いながら身につけるのが現実的である。

(二)　敬語の機能は「自己表現」と「相互尊重」

敬語の使用に関して「尊敬できない人にも敬語を使うのか」とか「敬語を使うとかえってよそよそしくなる気持ちがする」といった質問を受けることがある。敬語に関する一義的な思い込みから生じる疑問である。

日本の敬語は、話し手と聞き手、および話題の人物や事柄との三者間の相対的関係によってその使い方が確定する

複雑な構造を持っている。その場その場の情況に応じて、話し手自身が、親疎をいろいろに捉え直して使うもので、けっして、相手の年齢や地位、階級的な違いなどの固定的な関係に基づくものではない。

敬語は、ある状況の中で、話し手が自らの気持ちに即した、より適切な言葉遣いを主体的に選んだ、よりよい「自己表現」のための道具であるとも言えるのである。何かを依頼されたとき、ことを荒立てずに断りたいときは、敬語が重宝である。相手の状況に理解を示しつつ、自分の生活を守るためには断らなければならないこともある。尊敬語で相手に敬意を示した上で、謙譲語で、きちんと断りを通すのである。「相互尊重」の立場で、ことばを使いこなせることが理想である。

見ず知らずの人と話す場合や初対面の人と話す場合は、敬語で距離をおいて話すのが普通である。しばらく付き合いが続いて、相手との理解が進んだら、臨機応変に距離を縮めたり広げたりするのである。親しくなってから、いつまでも敬語を使いすぎると、冷たい、心を閉ざした感じを与えてしまう。逆に、親しくもないのにタメ口（友だち会話）で話かけると、あいさつもなしに他人の家に入り込むような、図々しい印象を与える。

中学校時代や高校時代にクラブ活動で身につけた敬語は、学年の序列を重んじ、練習にメリハリをつけるために機能しただろうが、現実の社会にそのままあてはめるにはやや硬直した部分もあり、中には間違った使い方を覚えてしまっているものもあるので気をつけよう。

㈢　まずは基本的な敬語（尊敬・謙譲）動詞から

大学を卒業し、広い社会に出ると、見ず知らずの人や立場の異なる人に会うことが多くなる。敬語を上手に使って、少しずつ相手との距離を縮めるようにするとよい。卒業間近になって就職活動での書類や面接で苦労しないように、学生時代に正しい敬語や敬語の使い方についての知識を身につけておこう。その際にも、ただ知識を暗記するような学びの姿勢では実用の役には立たない。

　例えば、その場その場で、自分の気持ちを正しく伝えるためにはどんな敬語が適切か、状況に即して考えるとよい。こういう敬語を使うと、人間関係や場面について、自分のどんな気持ちが表現できるか、さらには、この敬語を使うと（あるいは、この敬語を使わないと）相手はどのような気持ちがするかと、常に自らに問いかける姿勢が必要となろう。これらの問いは、固定的な敬語使用の暗記で解決する問題ではなく、「自己表現」として敬語を主体的に選ぶ際の問いである。

　敬語は予想以上に大きな力を秘めている。社会に出てから、種々の経験を通して磨き上げていく技術とも言えようが、まずは、基本となる敬語のいくつかを正確に覚えることから始めよう。この章の最後に、参考として「敬語の種類と働き」をつけてある。平成一九年二月に文化審議会が答申した「敬語の指針」を参考にまとめたものである。これまでとは異なる考え方が示されているので、参考にしてほしい。

　とりあえずは、以下の表に示した基本的な尊敬動詞と謙譲動詞を覚えることにしよう。動作の主体を見極めて、敬意を表したい相手の行為には尊敬動詞を、自ら（あるいは自分側のもの）の行為には謙譲動詞を使う。「行く」「来る」「する」、「食べる・飲む」「くれる・もらう」など、日常よく使う敬語から始めて、少しずつ使い慣れていこう。

尊敬動詞	基本動詞	謙譲動詞
いらっしゃる	行く	参る
いらっしゃる	来る	参る
いらっしゃる	いる	おる
なさる	する	いたす

召し上がる	食べる・飲む	いただく
おっしゃる	言う	申す・申し上げる
くださる	くれる	
	もらう	いただく
ごらんになる	見る	拝見する
	見せる	ご覧に入れる・お目にかける
	聞く・家へ行く（訪ねる）	伺う
	会う	お目にかかる
ご存じだ	知っている	存じておる
おぼしめす	思う・考える	存ずる
お（ご）……になる　…（ら）れる		お（ご）……する
お（ご）……くださる		お（ご）……いただく

間違いやすいのが最後の尊敬動詞「お…になる」と謙譲動詞「お…する」である。「お…する」には「お」がついているために、尊敬動詞であると勘違いしている人が多いが、自分側の行為を下げる述べ方なので注意しよう。

具体的な二つの場面で確認してみよう。

（会話例1）

・レジで、荷物の送り先を誰が書くか、アルバイト店員と客とが話している。

アルバイト：お客様が、お書きになりますか。それとも私が、お書きしましょうか。

客：メモがありますから、書いていただけますか。目が悪いものですから。

アルバイト：承知しました。お書きいたします。

＊「お書きする」で謙譲語Ⅰであるが「お書きいたします」にすると謙譲語Ⅱ「いたします」が加わって、いちだんと聞き手に対する丁重さが加わる。

（会話例2）

・駅の階段で、重い荷物を持ったおばあさんに、大学生が声をかけている場面。

大学生：重そうですね。ホームまでお持ちしましょうか。

おばあさん：すみません。助かります。

㈣　尊敬語・謙譲語Ⅰ・Ⅱと丁寧語

「です・ます・（で）ございます」は、相手に直接敬意を示す丁寧語である。敬意を示す相手が直接の話し相手や読み手である場合は、尊敬語や謙譲語Ⅰ・Ⅱと併用して丁寧語を使うことになる。

（例）　先生、パパイア召し上がりますか。（話し相手は先生）

　　　先生はパパイア召し上がる？　（話し相手は友だち）

　　　先生、ご講演を拝聴しました。（話し相手は先生）

　　　先生、ご講演を拝聴いたしました。（同右）

　　　先生のご講演、拝聴したよ。（話し相手は友だち）

なお、尊敬・敬いを表す助動詞に「れる」「られる」がある。（「行かれる」「起きられる」のように使う）受身と紛らわしい欠点はあるが、すべての動詞に規則的につき、簡単でもあるので、上述の尊敬動詞とも併せて活用するとよい。ただし、敬いの程度は、尊敬動詞に比べるとやや低くなることを覚えておこう。

㈤　美化語

美化語は、自らのことばづかいを美しくし、自身の品格を保とうとする自己志向的な敬語表現で、尊敬語や謙譲語とは性格の異なるものである。とりわけ、女性に用いられることが顕著であることから、女性語と呼ばれることもある。

例：おなか　お菓子　いただく　おいも　おやつ

最近、問題として取り上げられることの多い敬語に、謙譲語の「あげる」がある。本来は、立てるべき人物に対して、話し手（行為の主体）の「与える」「やる」といった自らの行為を下げる表現として使われる謙譲語であるが、現在では次のような言い方がごく一般的に行われている。

例：子どもにおもちゃを買ってあげる。　「ポチに餌あげて」

この場合の「あげる」に、謙譲の意識はない。「買ってやる」「餌をやる」では乱暴な感じがするので、「あげる」を使っているというのが実情であろう。年代の高い世代には抵抗があるものの、すでに広く一般化して、「あげる」を謙譲語と認識するのはむずかしい状況である。「食べる」を「食う」の美化語であると認識することがほとんどないことと並行して、「いただく」を美化語として用いることも進んでいる。

対幼児語としての働きもあるが、他の敬語とのバランスも考えて、使いすぎには注意が必要だろう。

参考　敬語の種類と働き

敬語は、現在、次の5種類に分けて考えられている。

1、尊敬語（「いらっしゃる・おっしゃる」型）
2、謙譲語Ⅰ（「伺う・申し上げる」型）
3、謙譲語Ⅱ（丁重語）（「参る・申す」型）
4、丁寧語（「です・ます」型）

5、美化語（「お酒・お料理」型）

これまでは、謙譲語のⅠ・Ⅱの区別はなく、また美化語は丁寧語の中に組み込まれて、尊敬語、謙譲語、丁寧語の3分類に考えられることもあった。

それぞれの働きは、次のとおりである。

1、尊敬語（「いらっしゃる・おっしゃる」型）

相手側または第三者の行為・ものごと・状態などについて、その人物を立てて述べるもの。

【該当語例】

［行為等（動詞、および動作性の名詞）］

いらっしゃる、おっしゃる、なさる、召し上がる

お使いになる、御利用になる、読まれる、始められる

お導き、御出席、（立てるべき人物からの）御説明

解説：「先生は来週海外へいらっしゃるんでしたね」と述べる場合、「先生は来週海外へ行くんでしたね」と同じ内容であるが、「行く」の代わりに「いらっしゃる」を使うことで、「先生」を立てる述べ方になる。

＊「いらっしゃる」には「行く」意味のほかに「来る」「いる」意味の用法もある。これらの「いらっしゃる」も尊敬語である。

［ものごと等（名詞）］

お名前、御住所、（立てるべき人物からの）お手紙

［状態等（形容詞など）］

お忙しい、御立派

解説：「先生のお名前」は「名前」の〈所有者〉である先生を、また、「先生はお忙しいようですね」は、忙しい状態にある先生を、それぞれ立てることになる。

2、謙譲語Ⅰ（「伺う・申し上げる」型）

自分側から相手側または第三者に向かう行為・ものごとなどについて、その向かう先の人物を立てて述べるもの。自分側の行為・ものごとなどを下げる述べ方とも言える。

【該当語例】

伺う、申し上げる、お目に掛かる、差し上げる

お届けする、御案内する

（立てるべき人物への）お手紙、御説明

解説：行為についての謙譲語Ⅰ　「先生のところに伺いたいんですが……」と述べる場合、「先生のところに行きたいんですが（先生のところを訪ねたいんですが）……」と同じ内容であるが、「行く（訪ねる）」の代わりに、「伺う」を使うことで「先生」を立てる述べ方になる。

＊「伺う」には「行く（訪ねる）」意味のほかに、「聞く（尋ねる）」意味の用法もある。これらの「伺う」も謙譲語Ⅰである。

3、謙譲語Ⅱ（丁重語）（「参る・申す」型）

自分側の行為・ものごとなどを、話や文章の相手に対して丁重に述べるもの。

【該当語例】

参る、申す、いたす、おる

拙著、小社

解説1：「明日から海外へ参ります。」と述べる場合、「明日から海外へ行きます。」と同じ内容であるが、「行く」の代わりに「参る」を使うことで、自分の行為を、話や文章の相手に対して改まった述べ方で述べることになり、これが、丁重さをもたらすことになる。このように、「参る」は〈相手〉に対する敬語として働く。この種の敬語は一般に謙譲語と呼ばれてきたが、ここでは2の謙譲語Ⅰと区別して、特に「謙譲語Ⅱ（丁重語）」と呼ぶこととする。

＊「参る」には「行く」意味のほかに「来る」意味の用法もある。この意味の「参る」も謙譲語Ⅱである。

解説2：名詞の謙譲語Ⅱ「拙著」「小社」など、名詞についても、自分に関することを控え目に表す語があり、これらは、名詞の謙譲語Ⅱだと位置付けることができる。ただし、主に書き言葉で使われる。

（補足1）「謙譲語Ⅰ」と「謙譲語Ⅱ」との違い

―〈向かう先〉に対する敬語と、〈相手〉に対する敬語―

2の謙譲語Ⅰと3の謙譲語Ⅱは、類似している点もあるため、どちらも「謙譲語」と呼ばれてきたが、謙譲語Ⅰは〈向かう先〉に対する敬語、謙譲語Ⅱは〈相手〉に対する敬語であり、性質が異なる。

（補足2）「ます」との関係についての違い

謙譲語Ⅰは、「ます」を伴わずに使うこともできる。例えば、「明日先生のところに伺う（よ）」などと「先生」以外の人に述べることがある。

一方、謙譲語Ⅱは、一般に「ます」を伴って使う。例えば、「明日先生のところに参る（よ）」などと述べるのは不自然である。

（補足3） 謙譲語Ⅰと謙譲語Ⅱの両方の性質を併せ持つ敬語

謙譲語Ⅰと謙譲語Ⅱとは上述のように異なるタイプの敬語であるが、その一方で、両方の性質を併せ持つ敬語として「お（ご）……いたす」がある。

「駅で先生をお待ちいたします。」と述べる場合、「駅で先生を待ちます。」と同じ内容であるが「待つ」の代わりに、「お待ちいたす」が使われている。これは、「お待ちする」の「する」を更に「いたす」に代えたものであり、お待ちする「謙譲語Ⅰ」といたす「謙譲語Ⅱ」の両方が使われていることになる。この場合、「お待ちする」の働きにより、「待つ」の〈向かう先〉である「先生」を立てるとともに、「いたす」の働きにより、話や文章の〈相手〉（「先生」である場合も、他の人物である場合もある）に対して丁重に述べることにもなる。

つまり「お（ご）……いたす」は、自分側から相手側または第三者に向かう行為についてその向かう先の人物を立てるとともに、話や文章の相手に対して丁重に述べるという働きを持つ「謙譲語Ⅰ」兼「謙譲語Ⅱ」である。

4、丁寧語（「です・ます」型）

話や文章の相手に対して丁寧に述べるもの。

【該当語例】

です、ます

解説：「次は来月十日です」は、「次は来月十日だ」と、また「六時に起きます」は「六時に起きる」と、それぞれ同じ内容であるが「です」「ます」を文末に付け加えることで話や文章の相手に対して丁寧さを添えて述べることになる。このように、「です」「ます」は、〈相手〉に対する敬語として働く。この種の敬語は、一般に丁寧語と呼ばれている。なお、これらと同じタイプで、更に丁寧さの度合いが高い敬語として「(で)ございます」がある。

(補足)：謙譲語Ⅱと丁寧語

3の「謙譲語Ⅱ」も話や文章の相手に対する敬語として働くので、この意味では、4の「丁寧語」と近い面を持つ。違いは、謙譲語Ⅱは基本的には「自分側」のことを述べる場合に使い、特に「相手側」や「立てるべき人物」の行為については使えないのに対し、丁寧語は「自分側」のことに限らず、広く様々な内容を述べるのに使えることである。また、謙譲語Ⅱは、丁寧語「です・ます」よりも改まった丁重な表現である(丁寧語のうち「(で)ございます」は、謙譲語Ⅱと同程度に丁重な表現である。)

5、美化語(「お酒・お料理」型)

ものごとを、美化して述べるもの。

【該当語例】

お酒、お料理

解説：例えば、「お酒」は「酒」を美化して述べるものである「お酒は百薬の長だそうですよ」などと述べる場合の「お酒」は、1の「お導き」「お名前」(尊敬語)と違って、〈行為者〉や〈所有者〉を立てるわけでも、2の立てるべき人物への「お手紙」(謙譲語Ⅰ)とも違って〈向かう先〉を立てるわけでもない。

また、3、4の謙譲語Ⅱや丁寧語とも違って、〈相手〉に丁重に、あるいは丁寧に述べているということでもなく、要するに「ものごとを、美化して述べている」のだと見られる。

その意味で、前述の1～4のような狭い意味での敬語とは、性質の異なるものである。だが、〈行為者〉〈向かう先〉〈相手〉などに配慮して述べるときにはこの「お酒」のような言い方が表れやすくなる。〈例えば「先生は酒を召し上がりますか。」や「先生、酒をお注ぎしましょう。」の代わりに、「先生はお酒を召し上がりますか。」や「先生、お酒をお注ぎしましょう」と述べる方がふさわしいといった点で、広い意味では敬語の一種と見ることができるものである。この種の語は、一般に「美化語」と呼ばれている。

第四章　やや長い文章を書いてみよう

一　三つの課題を見つけよう

本来文章を書くことは、孤独な作業である。しかし、せっかく教室で練習するのである。二百字作文の時のように、クラスメートの発想や論の組立方、表現方法の違いから刺激を受けて、自分なりの文章をまとめる練習をしてみよう。長い文章となると、何をどう書けばよいかわからないという人も、皆といっしょに練習を重ねていけば、じょじょにコツが飲み込めてくる。クラスメートの考えを聞くうちに、視野が広がり、考察が深まる。作品の出来不出来を気にすることはやめにして、書きながら考え、変化する自らの思考のプロセスを楽しんでほしい。

まずは、練習のための課題を、自分たちで決めてみよう。どんなことが気になっているか。どんなことをみんなといっしょに考えてみたいか。書けるかどうかは別にして、考えるきっかけとするための課題設定である。これまでの受講生が決めた課題には次のようなものがある。自分たちの課題を決めるための参考にしてみよう。

課題例

広く社会の大きな問題から、身近な機器の使い方まで、さまざまに課題範囲が広がっている。基本は、自分の課題として考えるに値するものであるかどうかということである。同じ一つの課題の中にも、さまざまに着眼点が広がっている。

これらの中に、何か一つでも、是非友だちに伝えてみたいと思った経験があれば、それは文章の主題につながる一粒の〈タネ〉になる。

教室内で課題案を出し合って、三つの課題を決定しよう。考えるためのきっかけとする課題である。クラスの多数決で決めた三つの課題がすべて、一人ひとりの琴線に触れるとは限らない。どうしても書きたいと思う課題のある人は、一つ余分にメモしておこう。練習を重ねるうちに、一つの作品としてまとめる題材となるかもしれない。

課題A：　**課題B：**　**課題C：**　**自由題：**

・社会　・高齢者
・児童　**福祉問題**　・在宅
・障害者／介護

・いじめ　・不登校
・引きこもり　**教育問題**　・クラブ活動
・教師と生徒の関係　・アルバイト

・格差　・ジェンダー　・オタク
・男女　**差別問題**　・金子みすず
・ノーマライゼーション

・もったいない
・世界の砂漠化　**環境問題**　・ゴミの分別
・地球温暖化　・先進国の取り組み

・ボランティア　・自殺
・国際化　**その他**　・ケイタイの使い方
・陪審員制度　・日本語（言葉）の使い方

二　課題から発想を広げて

課題を持っていると、これまで何気なく過ごしていたものごとに意識が向くようになる。あれこれ考えながら書き付けていくと、これまで思いもよらなかった考えが浮かんでくることもある。メモは大事に取っておこう。文章を書き始めると思いがけず役立つことがある。

逆に、いくら頭をひねっても何一つ思い浮かばず、苦しい思いをすることも多い。何かちょっとしたきっかけがあると風穴が明く。そんな時に思考に道筋をつけてくれるのがタイトルである。まだ書いてもいないのにタイトルなんて、と思う人もいるだろうが、逆転の発想である。書店で本を選ぶとき、中身を知るためにタイトルを手掛かりにするだろう。新聞を読む場合も、見出しを手掛かりにして読む順序を決めている。タイトルが決まれば、自ずと内容が見えてくるものである。ことばが思考を導いてくれるのである。

次に、課題をもとに受講生から生み出された文章のタイトルのいくつかを紹介しよう。具体的なタイトルを目にすると、文章の内容がイメージとともに浮かんでこないだろうか。

なかなか発想が広がらないときは、とりあえずタイトルを付けてみることを勧めたい。

（タイトル例）

高齢者福祉問題

・若者との共存　・高齢者の元気の源は人との関わり　・支援される側からする側へ
・年金はきちんと納めよう　・ユニバーサルデザインの力　・学ぶべき自助努力

教育問題

・いじめを本音で語れるか　・いじめの解決策は心地よい居場所　・ネットカフェは孤独な逃げ場
・フリースクール—もう一つの学校—　・部活動—ほんとうの楽しさは厳しさと共に—
・不登校—何でも話し合える人を—　・引きこもり—手を差し伸べる—

差別問題

・「らしさ」という壁　・外見と中身の違い　・相手の気持ちを考えよう
・ステレオタイプの落とし穴　・ノーマライゼイションのわな
・金子みすずの歌が教えるもの

環境問題

・一人の環境問題対策　・地球を守るための地域の取り組み　・海洋汚染を守るための第一歩　・クールビズの意義　・京都議定書の矛盾　・石油無しで暮らせるか

その他

・言葉遣い—使い分けが大事—　・若者のファッション考—仲間との一体感—
・携帯電話—いつも身近にある便利で怖いもの—　・国際化—身近にいる留学生から—

書き慣れるまでは、他の学習者の題材を参考に発想を広げるのが早道である。同じゼミの同じ年齢層の学習者でも、取材や選材の方法は千差万別である。拡散的思考の刺激を得ることによって、自らの思考方法や内容がはっきりと見えてくる。書きながら考えを発展させ、自分なりの考えをまとめていこう。

三　構成のモデルを活用しよう

長い文章を書くのは苦手だと思う人が多いのは、一気に長い文章を書き上げようとするからである。文章は段落が積み重なってできるものである。どんな内容の段落を、どういう順序で並べていくかということを考えながら書き進めれば、やがて文章はできあがる。

あらたまった手紙を書くときに、先人の知恵の集積とも言える書式を参考にすれば楽に書き上げることができるのと同じように、一般の文章を書き上げる際にも、構成のモデルを利用すると、楽にまとまりのある文章が書ける。現実には、個々の文章に適した構成法（段落の配列法）があるため、常に固定的なモデルで上手くいくとは限らないが、基本モデルに沿って書いてみれば、全体の流れや段落相互の関係を確かめやすく、また、余分なものや足りない部分に気づくことができる。基本モデルを利用しながら練習を重ねて書き慣れると、いずれ、自分の書きたい内容に合わせて変形、応用ができるようになる。

まずは基本モデルを手掛かりに文章を構成してみよう。真似て学び、いずれ自由の境地を目指すというわけである。

三段階基本構成モデル

1、始め（序論）…書き出し部
2、中　（本論）…展開部　↓中の部分の調節でどのような長文にも応用できる。
3、終わり（結論）…書き結び部

意味段落が三つあるものを基本モデルと考える。三つの部分からなる構成は安定感があり、書き手にも読み手にも無理なく受け入れられる。始めをどう書き出し、中をどう展開して、終わりはどう書き結ぶか。六百字ていどの短い文章なら、三段落でしか構成の仕様もない。三つの段落が取れないようならば、始めと終わりのどちらかを中に入れ込んでしまって、二段階、二段落という構成も考えられる。

たいていの文章には始めと中と終わりがある。文章の長さの規定によって、中の部分を短くしてまとめることもできるが、逆にいくつかに分けて長くすれば、どのような大論文にも対応できる。

四　基本構成モデルを使ったステップ学習

何といっても文章の中心は「中」の展開部である。「中」ができれば、後は「始め」と「終わり」をつければまとまった文章が完成する。お饅頭に喩えてみれば、「始め」と「終わり」に相当する外皮の部分も大事だが、何といっても中身の餡の部分が味を大きく左右する。文章の中核とも言える餡の部分を、説得力ある題材で組み立ててみよう。

前節の三段階の基本構成を五段落に展開した構成モデルを図式すると次頁のようになる。

文章を書く際には、内容面の準備のみでなく、形式上の準備が必要である。文章全体と各段落（部分）はどのような関係を持ち、どのようにまとめられるのか。しばらくはこの構成図を念頭に、全体の中のどの部分を書いているかを意識しながら書き進めてみよう。

形式に合わせて分節的に書き進むにしたがって、それまで見えていなかった課題の問題点が明らかになってくる。あまりに一般的で常識的な意見を一方的に書き連ねるだけでは読ませる文章にはならない。自分なりの発想を生み出すためには、別の事柄と結びつけてみることが有効だ。中②の段落には、意図的に別の事柄を対比させ、課題についてのとらえ方に厚みと奥行きをもたらそう。何を書けばよいかわからないと悩む前に、自らの経験とそれに対比できる事柄を取り上げて比較して考えてみると、自ずと問題点が明確になり、時には、思いがけない発見につながるものである。

三段階、五段落基本構成モデル

始め　1、導入……（話題を提示する・問いを出す・主題を書く）

中　2、中①……核になる段落①（具体事例―体験・引用・観察―）

　3、中②……核になる段落②（比較・対照のための具体事例―体験・引用・観察―）

　4、中③……中まとめ（中①と中②の比較から導き出される考え）

終わり　5、まとめ……（話題に連なる結論を書く・導入部の問いに回答する・主題を再提示する）

＊比較・対照のための中②の内容は、類比・対照・対比・因果・経過・影響など、種々に考えられる。

＊各段落の話題や主題を述べる中心文を段落の最初におくとわかりやすい。

＊入門期は、まずはこの一つの基本型で習熟練習を行う。

参考　語・文・文章

二百字作文から長い文章に移る前に、「文章」とは何かを考えておこう。

まずは、「語」が集まって「文」ができ、「文」が集まって「文章」ができるというおおまかなイメージを持っておくとわかりやすい。

新聞の社説や夏目漱石の「坊っちゃん」などは、ある主題のもとに書き上げられた、一つのまとまりある文章作品である。それに対して、日々の天気予報を羅列したものや、メモを寄せ集めただけのものは、複数の「文」の集合体ではあるが、「文章」とは呼べない。「文章」を構成する複数の「文」は、相互に緊密な意味的結びつき（文脈）があり、全体として一つの主題のもとにまとまっていなければならない。

このように、「文」と「文章」を区別して理解することは、まとまった「文章」を書こうとする際に非常に大事なことである。

(一) 段落とは

さて、基本構成モデルをもとに、段落ごとの練習に入る前に、「段落」について考えよう。次に掲げるのは、段落分けのまったくない学生の作文である。

どうだろう、このような改行のまったくない作文を前にして、読む気になる人がいるだろうか。教師として、どうしても読まなければならない立場でも、少々気合いを入れないと読めそうにない。しかも、読まずとも、内容にまとまりのないことがはじめから分かってしまうのである。

このようなベタ書きの作文のほかに、一文ごとに改行された作文を目にすることもある。これも同様に、書き手に段落ごとに意味をまとめようという気持ちがないことの表れであり、文字通り「文」の羅列で「文章」になっていないことが明らかである。

文章での区切り、すなわち段落は、書き手の思考の流れを視覚的に明示するものであり、同時に読み手の内容理解を助けるものでもある。段落がなかったり、長すぎたりする文章は、読者に要らぬ緊張を強いて、理解を妨げる。ま

祖母と高齢化社会について

○組○番　○○　○○

私が今一番心配なのは、新潟に住んでいる母方の祖母の事だ。十年前に祖父が亡くなってから、叔父と二人で生活している。祖母は体が弱く、心臓が悪い。でも叔父が一緒にいてくれるので少しは安心なのだが、叔父も仕事をしているので一日祖母と一緒にいれるわけではないので、日中一人になってしまう祖母の事を思うと心配だ。小さい頃は年に二回ほど、家族で遊びにいっていたのだが、中学に入ってからは、部活や、塾の講習などで忙しくなり、顔を出す機会が、だんだんと減ってしまった。祖母は私が行かないと、「寂しい、寂しい」と言っては家に電話をかけてきて、学校についてや、友達について聞いてくる。でも電話をかけてくる度に、同じ事を聞いてくる祖母を嫌に思う事もあった。あとで冷静に考えて見ると、そんな事で腹を立てた自分がはずかしくなったりもした。今、高齢

20×20

化社会が進んでいる中で、一人で暮らしている老人も少なくないと思う。でも、一人で暮らすのは本当に大変だ。まだ私達みたいに若ければ、やっていけない事もないけれど、老人の一人暮らしはいつ危険がおそってくるかわからない。実際に、私のまわりでも、祖父の弟が、一人で暮らしていて、急死してしまい、発見されたのは死後三日後だったという事があった。私は自分の親を老人ホームに入れようとは思っていない。育ててくれた親なのだから、ちゃんと自分で面倒を見てあげたい。家族なのだから、最後まで、家族のままでいたい。この間、テレビを見ていたら、家賃の二万を負担してもらえるかわりに、市の福祉活動を手伝っている青年の事があった。その彼がやっていた福祉活動というのは、一人で暮らしている老人の家に週一回通って、一日何でもしてあげるという事だった。これは老人と若い人達の交流を失くさない様にという市が考えたものだった。その青年は、イ

20×20

た、短すぎても、かえって煩わしく、これまた理解しづらく、読む気を削いでしまう。

書くときは、一まとまりの内容（段落）ごとに改行して、一マス空けて新たな段落を書き始める。こうすれば、読み手は、段落間の関係把握が楽にでき、容易に読み進めることができる。次頁の文章を見てほしい。先の例と比べて、どちらが読み手を誘うかは明白であろう。

(二) 中心部分の二段落からステップを追って全体を組み立ててみよう

書き慣れるまでは、部分から全体を見通すことは難しい。しかし、一つ一つの段落をブロックのように積み上げていくと、やがて自分の意見が形作られ、それまで思いもよらなかった新たな考えも生み出されることがある。この章では、二章の二百字作文（一段落相当）に継ぐ二段落からの展開練習で、やや長い文章のまとめ方を練習しよう。一三二ページで示した基本構成モデルをステップ学習の練習基盤とする。適宜参照して、脳裏に焼きつけよう。

焦らなくてもよい。書きながら、考えながら、クラスメートの作品からヒントを得て、拡散的に考えを進めていくと、それまでの自分では思いもよらなかったひらめき（思いつき・発見）がある。書く者だけに与えられるその楽しみを期待して、次のステップ1～6に歩を進めよう。

ステップ1　課題Aについて、論拠となる事象を二段落に書き分けよう

◇こう書いてみれば：二段落（基本構成モデル 一三二ページ、中①と中②の段落）からの展開

課題に関する問題意識を、身近なところから書き起こしてみよう。二段落からは、一段落では見えなかったものが見えてくる。一段落は二百字以内。一つの段落には一つの内容をまとめて書く。二段落をきちんと書き分けることがステップ1の課題である。

核になる段落は、文章の主題を担うものである。課題と関連づけて、これなら自分の意見（主張）の根拠となりそ

No. 1

半年間の作文学習を振り返る

―努力が実る講義―

○組○番　○○　○○

以前は、余計なことを細かく書きすぎたり、同じ言葉を繰り返しているだけだった。また文章の入り方や、構成の仕方がよく分からなかった。そのため、苦手意識が強かった。しかし、半年間の作文学習を通して、練習することで上達できるということを実感した。さらに、少し自信が持てるようになり、「書く」ことを楽しめるようにもなった。

二百字作文では、自分の伝えたいことを制限された字数の中に、相手に伝わるように書かなければならない。始めた頃は、必要のない言葉がたくさん入ってしまった。無駄な表現を省いて、伝えたいことだけを凝縮して書くことに苦労した。しかし、「私の大好物」では、どういう表現をしたらおいしさや見た

(20×20)

No. 2

目、様子が伝わるのか。風景描写では、自分が目たままを具体的に、詳しく文章に表現する。この二つを練習したことで、少しではあったが言葉を選んで書けるようになり、無駄な表現が減った。客観的に、目たままを書けるようになった。

意見文は、事実と意見を書き分けなければならない。実証部の二段落で、自分の経験したことを意見を混ぜずに、ただ事実だけを具体的に書く。事実を具体的に書くことは、二百字作文の練習を活かして、経験したことをそのまま書くことが出来た。また、アウトラインを書いておくことで段落ごと書く内容を明確にし、混ざらずに書くことが出来た。

半年間を通して、伝えることの難しさ、大切さを学ぶことが出来た。限られた字数の中で書くことは難しかった。しかし、無駄な表現を省いていくことで伝えたい内容が凝縮され、より分かりやすく簡潔な文章になる。実証例を書くことで読み手に説得力を与えられ

(20×20)

うだと思うものを選ぶとよい。まだ、課題に関して、何を主張しようか、まったく見当のつかない人も多いだろう。しかし、文章は料理と同じで、新鮮な題材（食材）が出来を大きく左右する。時事性のあるもの、思いがけないエピソード、有益な情報、など、自らに引きつけて、自分の視点で選んだ素材をもとに考え始めよう。

まずは課題から連想した事柄を一段落書いてみる。体験談はもちろん、人から聞いたこと、通りすがりに見聞きしたこと、読書によって知り得た事実など、どんなことでもよい。一つ書ければ、次はその段落と対比できる内容を探すとよい。例えば、一段落目に「高齢者の日常生活」を書いたのであれば二段落目には「若者や子どもの日常生活」、または「壮年層の日常生活」といった具合である。後半部の「日常生活」を対比させて「高齢者の非日常（特別な日）」を取り上げることも可能だろう。対立項が決まると、比較が容易で、問題点が際立ってくる。

例1を見てみよう。障害を持つ書き手の「過去の生活」と「現在の生活」が対比的に取り上げられている。「適切な援助が受けられた障害者の環境」と「援助の受けられない環境」が「しかし」という逆接の接続詞をつなぎとして、対照的に書かれている。高校までは、事情を知る人々が適切な支援をしてくれたが、大学入学後、事情を知らない学生たちは障害者の自立にきびしいという現実が書かれている。この二つの段落を通して、書き手が主張したいことは、「まずは、回りの健常者に、障害者がどんな援助を必要としているかを伝え、事情を理解してもらうことである」という。障害者の立場だからこそ見える、説得力ある事例であり、主張と言えよう。

二段落の論理展開はさまざまである。類似、因果、課題と解決、一般と特殊、等、各自の事例にあてはめて、比較・対照のための二段落を書き分けてみよう。

二段落の関係を示す接続詞には、次のようなものがある。しかし・だが・けれども・ところが（逆説）、一方・それに対して（対比）、また・同様に（類似）、例えば（例示）、というのは（原因・理由・根拠）、したがって・そこで・

それで（結果）、等。接続詞は結びつけるもの同士の関係を明確にする。二つの段落の内容と関係を考えて、使いこなしてみよう。

A【福祉問題】（例1）タイトル　当事者から見た障害者福祉の壁

①　私は、生まれつき身体に障害を持っている。そのため、日常生活での行動は車いすが多い。小・中学校時代は健常者と共に学び、高校時代は、養護学校に通った。小・中では担任の教師や両親が、周りの子供たちに必要な支援と協力を求めてくれた。高校は、養護学校ということもあり、さらに生活は容易であった。小学校から高校時代、私の事情を知る周りの人々は皆、優しく、どんな時も適切に対処してくれた。

②　しかし、高校卒業後、大学に入ってからの現実はそういうわけにはいかなかった。障害者と接したことのある人よりも、接したことのない人の方が多かったのだ。そのため、障害者に対する目が厳しい。例えば、こんなこともあった。……（中略）……。

＊小・中・高と高卒後の比較　→　この二つの段落をもとに主張したいことは？

（例2）タイトル　老人福祉現場の理想と現実のギャップ

①　特別養護老人ホームの職員は、利用者一人一人に対して丁寧な対応をする。職員も利用者も和やかな雰囲気で、皆がすてきな笑顔で毎日を送る。利用者を思いやり、頑張って働く職員に対し、利用者は感謝し、厚い信頼関係を持つ。これが、かつて私が抱いていた福祉現場の理想だった。

②　ところが、現実は理想とは違っていた。職員は一人で多くの利用者の世話をするため、一人一人に多くの時間を割いていられない。利用者は、施設の中で毎日同じ生活のため、なんだかつまらなそうな顔をしている。忙しい職員は時間に追われ、食事介護の必要な利用者に、半ば無理やり食べ物を口に運んでいる。サークルで見学に行って、自分のこれまでの理想と現実に大きなギャップがあることを知った。

理想と現実の対比　↓　この二つの段落をもとに主張したいことは？

表現スキル①　段落を書き分ける

一三四ページの例でも分かるように、段落のない文章は、読みづらい。まずは、対比構造を明確にして、それを二段落に書き分けることから始めよう。段落意識を持つこと、中心文をおくこと、段落と段落の関係性を自覚することが、全体の構成を考える基盤となる。

表現スキル②　事実（客観）と意見（主観）を書き分ける

論証のための根拠となる段落では、事実を正確に記述することが必要である。主観的な感想や意見を混ぜてしまうと、わかりづらい文章になってしまう。意見や感想は、この二段落には書かない。二段落をもとに導き出されてくる意見や感想は、あとに続く中③の段落、さらに最後のまとめの段落（通し番号順では4段落と5段落目）にまとめて書く。すでに記述された事柄をもとに導き出された意見、感想であれば、読み手も同じ土俵に立って考えを進めることができるため、理解しやすくなるのである。

（事実と意見が混ざった例）タイトル　社会に出たら、言葉遣いは大切だ今時の若者は、私も含め言葉遣いがなっていないと思う。特に、目上の人に対して友人に話しかけるような感じの人が多い。高校時代、担任の先生に対して敬語をあまり使わなかったし、注意されることもなかった。それがそもそもいけなかったと後悔した。

福祉施設で実習したとき、職員の方や利用者に敬語を使うのに苦労した。例えば、職員に「○○をしてもいいですか」と聞いたり、利用者のプライドを傷つけるような見下した言葉遣いにならないように気をつけたり。普段から目上の人に対して言葉遣いをきちんとしていなければ、実際、就職した時、本当に困ると思う。

↓　事実と意見（感想）を混ぜないで、書き分ける

（改訂版）タイトル　社会に出る前に言葉遣いを身につけたい

今時の若者は、言葉遣いがなっていないとよく言われている。特に、目上の人に対して友人に話しかけるような感じの人が多い。高校時代、担任の先生に対しても敬語をあまり使わなかった。「ねえ、今日、休みにしてよ」などと、先生に友だちのように話しかけて、注意されることもなかった。↓（**事実**）

卒業後に福祉施設で実習したとき、職員や利用者に敬語を遣うのに苦労した。例えば、職員に「○○をしてもよろしいでしょうか」と聞いたり、利用者のプライドを傷つけるような見下した言葉遣いにならないように気をつけたり。日ごろ、使い慣れていないので、ほんの些細なことを話すにも緊張した。↓（**事実**）

そもそも高校時代に、敬語をきちんと学ばなかったことがいけなかったと後悔している。普段から目上の人に

対する言葉遣いをきちんとしていなければ、実際就職したとき、本当に困ると思う。社会に出る前に、きちんとした言葉遣いを身につけておくべきだと思う。　↓　（意見）

ステップ2　課題Bについて、論拠となる二段落を書き分け、文章全体のタイトルを考えよう

◇こう書いてみれば

ステップ1で、段落を書き分けるコツがつかめただろうか。まだまだという人も多いと思うが、心配無用。今度は異なる課題Bで練習してみよう。クラスメートのさまざまな二段落から、発想が広がった人も多いはず。一度目は、段落の書き分けを完璧にしよう。

ステップ学習では、構成の体得を目標にしている。全体の中での位置づけを確認しながら、同じ部分を重ねて練習するのもそのためである。ステップ1の段落の書き分けがすぐにできた学習者も、中の二段落の対比構造に変化をつけ、さまざまな論理展開を試してみてほしい。クラスメートの発想を取り込みながら、拡散的発想・複合的思考を楽しむとよい。

ステップ2では、二段落の書き分けに加えて、それをもとに何が主張できるか。自分の意見につながるタイトルを考えてみよう。タイトルは文章全体のいわば羅針盤である。タイトルをつけてみると、文章に方向性ができる。暫定の仮題である。練り直すことを前提に、あれこれ自分の意見に合いそうなものを考えてみよう。

表現スキル③　タイトル（副題）をつける

二段落から導き出せそうな、主張につながりそうなタイトルをつけてみよう。

ステップ1の例1、2を参考に、どんなタイトルが自分の意見にぴったりはまるか考えてみよう。思いついた事例

をもとに段落は書き分けてみたが、それをもとに何が言えるか、まだつかめない人も多いはず。言葉にして、自分の思いを形にしてみよう。頭の中で考えを巡らすだけでは意見は見えてこない。思いは言葉によって形になる。

表現スキル④　各段落に中心文を置く

その段落に何を書こうとしたのか、段落の話題や中心思想が一つの文にしてまとめられたものを中心文と呼ぶ。段落をきちんと書き分けるためにも、自分がその段落で書こうとしていることを文の形でまとめることは、筋の通った文章を組み立てるために有益である。中心文はなるべく最初に置き、続く文で内容を肉付けするのである。（例では、中心文に傍線をつけた。）段落のまとまりを検証するには、二百字で練習した「首尾の照応」同様、段落の結びの文と中心文との照応関係をチェックするとよいだろう。

B【いじめ問題】（例1）タイトル　気持ちを伝えることが大切

①　小学校の頃に、クラスに一人だけいじめられている子がいた。毎日毎日いじめられて陰でこっそり泣いていた。そんな彼を気にして、一人の友だちが「何か言い返しなよ」と助言した。しかし、彼は「いい、我慢する」と応えた。泣いてばかりいる彼へのいじめは止むことなくしばらく続いた。

②　ところが、ある日、我慢に限界が来たのか、彼は勇気をふりしぼるようにしていじめた相手に自分の思っていることを言い返した。すると、次の日から、いじめがぱったりとなくなった。自分の思っていたことを思いっ切り訴えた彼は、その後いじめられることもなくなり、泣くこともなくなった。

いじめられっ子の変化：いじめが止んだ原因は？　↓タイトル　気持ちを伝えることが大切

（例2）タイトル　まずは、誰かに相談しよう

①　去年は、いじめが原因で自殺したニュースが大変多かった。クラスの皆から受けたいじめで、いじめた側の人間が責任を感じて、など、いろいろな自殺があった。これらのニュースに対する周りの反応は、「どうして死んだのか、見当もつかない」「普段と変わった様子はなかったのに」といったものが多く、自殺につながるいじめに気づいている人は少ない。

②　私にも体験談がある。自分が直接いじめを受けたのではないが、友だちがある日、急に皆に無視されるようになったのだ。友だちは次第に暗い顔になり、やがて学校に来られなくなってしまった。メールで相談を受けていたら、ある日ぽつりと、「相談したら気持ちが楽になったよ」と気持ちを漏らした。人前では言わないが、苦しい思いを抱えて過ごしているのだ。はたして、いじめを苦にして自殺した人たちは、人に相談したのだろうか。

自殺に至る一般例と身近な具体例：具体例から見える解決の糸口は？↓　タイトル：まずは、誰かに相談しよう

ステップ3　課題Cについて二段落を書き分け、タイトルをもとに主題文をまとめてみよう

◇こう書いてみれば

二段落を対比的に書き分けるコツが分かってきたところで、主題文を書いてみよう。仮のタイトルで、主題の見当がついてきたのではないだろうか。タイトルを文の形にして、これまではまだ漠として、曖昧だった自分の主張を、はっきりさせてみよう。

主題文が書けると、中の段落の記述にも力が加わる。これまでは事例をもとに何を主張するか探していた段階だが、これからは、見えてきた主題と文章の各部（各段落）の記述に矛盾がないか、チェックしながら書き進める段階になる。部分（段落）と全体（主題）の関係を相互に確認しながら、使う言葉（用語）、一文の意味（文）、ひとまとまりの事例（段落）をすべて、主題に向けて一貫させるのである。中の二つの段落は、主題を支える事例としてふさわしいか、主題は二つの事例から無理なく導き出せるものか。整合性を十分に検討しよう。

表現スキル⑤　主題文を書く

C【ステレオタイプ】（例1）ジェンダー―らしさという壁を越えて―

①男女別に、常識的に行われ、信じられている事柄がいろいろとある。例えば、「子」が付く名前は女の子に、「郎」や「夫」が付く名前は男の子に多い。また、ランドセルの色も、ついこの間までは、男の子は黒、女の子は赤と決まっていた。職業も、トラックやバスの運転は男がするもの、保母や看護婦は女の仕事だと思っていた。最近まで、それが当たり前だと思いこんでいた。

②しかし、現代社会では、かつてのような固定観念は消えつつある。「ひかる」「のぞみ」「ひろみ」「じゅん」など、男女、どちらにも通用する名前が多くなり、逆に「子」や「郎」の付く名前は少なくなってきた。ランドセルの色も二色に限らず、自由に選べるようになった。緑やピンク、オレンジ、紫と、男女に関わらず、好きな色が選べる。名前やランドセルに留まらず、職業にも、昔のような固定観念はない。女性のバスやトラックの運転手もいる。男の保育士や看護師もめずらしくない。仕事の名前も、変化した。

タイトル：ジェンダー―らしさという壁を越えて―
主題文：男女にかかわらず、その人らしさこそがジェンダーフリーだと思う。
（例2）オタク―外見と中身は違う―

①　オタクに対して、これまで私はあまりよい印象がなかった。服装をかまわなかったり、性格が暗かったりというマイナスイメージがあったからである。もう一つ、パソコンのタイピングがとてつもなく早く、人とあまり話したがらないという偏ったイメージもあった。

②　そんな中、私は自分の苦手を克服する目的もあって、ノートパソコンを取り扱う学内アルバイトを始めた。そこには、私がイメージするオタクっぽい先輩が数人いる。そこだけ独特の雰囲気が漂っているように見えた。固定観念に縛られていた私は、恐る恐る話しかけてみた。するとどうだ、「やあ、ヨロシクね」というやさしい言葉が返ってきたのである。付き合いが始まっても、話しやすくてやさしい人たちばかりだった。つき合ってみるまで中身はわからないものだと実感した。

タイトル：外見と中身は違う
主題文：人を見た目やステレオタイプで判断してはいけない。

ステップ4　どれか一つの課題でアウトラインを作成して、二段落から五段落に展開してみよう

◇こう書いてみれば

タイトルも主題文も核になる二段落もすでに書けている。あとは、二つの段落から抽象したこと（主題に直結する

内容）を中③の段落に書き、それに「始め」（導入）の段落と「終わり」（まとめ）の段落を加えれば、五段落の文章の完成である。

これまでは、三つの課題A・B・Cをもとに、同じ練習（核になる中の①と②の段落の書き分け）を繰り返しながら、少しずつステップを上げて（全体の構成を考慮しつつ、題をつけ、主題文を書いて）練習してきた。これほど時間をかけて練習しているのは、構成を体得するのに、肝心なところだからである。取材の観点、対比の方法、全体との関係など、クラスメートの作品からさまざまに思考が広がっただろうか。

さて、ここまでくれば五段落構成の文章を完成させるまであと一息である。これら三つの課題の中から、どれか一つを五段落構成の文章として完成させてみよう。

三つの課題の中には自分のほんとうに書きたいものがなかったという場合は、新たに自分で見つけた課題や題材をもとにまとめてもいい。ほんとうに書きたいという思いが、説得力ある文章を産み出すからだ。これまでの人生で、自分にとって大きな体験だったというものを、この機会に文章としてまとめてみるのはどうだろう。ことば（形）にして見つめ直してみると、これまでは恥ずかしくて人に話せない、取り返しのつかない挫折だと思っていたことが、実は大人になるための一つの試練であり、自分はそれを乗りこえたのだと客観的にとらえるきっかけになるかもしれない。どんな体験も、ことばにして考え直してはじめて、意味をもつ経験となるのである。

表現スキル⑥　基本モデルを参考にしてアウトラインを書く

核になる主要な段落はすでにできている。主題文もタイトルもある。あとは基本の構成モデルに合わせて全体を整えるだけである。一三二ページの五段落基本構成モデルを参考に、五段落のアウトラインを作成しよう。段落に①から⑤まで番号を付け、それぞれの段落に見出しをつける。見出しは、文の形でも語句でも、どちらの形式でもよい。

ただし、まだ主題文に自信がないという人は、見出しを文の形にして（中心文が使える）、段落の内容を確認しながらセンテンス・アウトライン（例1）を作るとよい。

アウトラインは、各段落がどのような関係でつながり、配列されているか、一目で見渡せる文章の見取り図である。建物に設計図が必要なのと同様、文章にもアウトラインがほしい。設計段階で気づいた問題点は、鉛筆で容易に修正できる。後になって無駄な労力を費やすことのないように、文章を書く前にはアウトラインを作成しよう。

アウトラインは、スポーツにたとえれば、準備体操やスプリングボードのような役目を果たすものである。アウトラインそのものは最終目標ではないため、文章全体の流れを確認するだけならば、見だし語句を並べるだけのトピック・アウトライン（例2・例3）でもその役目は十分に果たせる。自分に合ったほうを選んで活用するとよい。

（話題提示と問いかけによる導入）

①の書き出しの段落は、話題提示をすることが多いが、次に示す例1のように、疑問文にして課題を問いの形で示しておくのもよい方法である。あらかじめ問いが示されていると、書き結びの⑤の段落で、その問いに対する答を書くことを忘れなくてすむ。首尾照応したまとまりのある文章に仕上げるための一つの方法でもある。

例2のように、①は話題提示だけで、⑤に主題を書く尾括形式でもよい。あるいはまた、例3．のように、①に主題を提示しておき、中の②③④で論証を加え、最後の⑤で再度主題を提示する双括型もある。始めに主題が提示される頭括型同様、読み手にとっては書き手の考えが理解しやすい構成方法である。

（例1）センテンス・アウトライン

タイトル：ジェンダー――らしさという壁――

主題文：その人らしさこそがジェンダーフリーなのだと思う。

①昔から言われる「男らしさ」「女らしさ」が消えたらどうなるのか。

②昔は、生まれる前から、名前やランドセルの色にまで決まった男女差があった。（**昔のジェンダー**）
③現代では、名前にもランドセルの色にも男女差が消えている。職業にもジェンダーフリーの考えが出てきている。
（**現代のジェンダーフリー現象**）
④風習に囚われずに、その人に合ったものを、その人の性別に関わらずに選べる時代がやってきたのだ。
（**②と③から言えること**）
⑤「男らしさ」「女らしさ」を越えた、その人らしさこそが、ほんとうの意味でのジェンダーフリーなのだと思う。
（**主題によるまとめ**）　尾括型

（例2）トピック・アウトライン
タイトル：ステレオタイプ―外見と中身は違う―
主題文：人を見た目や思い込みで判断してはいけない。
①オタクの定義　（話題提示による導入）
②以前の悪い印象
③現在の考えの変化
④見た目や固定観念による判断の誤り
⑤直接話して判断を　（最後に主題を書く）　尾括型

（例3）トピック・アウトライン
タイトル：いじめをなくすために―人の気持ちを理解しよう―
主題文：自分以外の人の気持ちを理解することがいじめ防止につながると思う。

①いじめは相手の気持ちに対する想像力の欠如が原因。　（主題提示による導入）　頭括型
②いじめられる側の心理。（中学時代に追いつめられていった友人の例）
③いじめる側の心理。（おもしろ半分、相手の気持ちは蚊帳の外）
④相手の気持ちを斟酌する想像力の欠如　（主題につながる中まとめ）
⑤両方の立場を経験したので、両方の心理がわかる　（特にまとめをしない結び）
相手の心理理解がいじめ防止の早道　（主題の再提示によるまとめ）　双括型

ステップ5　五段落の文章を書き上げよう

◇こう書いてみれば：書き出す前に（時間と字数の配分目安を）

アウトラインが決まったら、それぞれの段落に使う字数の目安を考えておくとよい。段落によって、気づかぬうちに筆が走って長くなってしまったり、書き尽くさないまま言葉足らずに終わったりすることがある。そんなことを防ぐためにも、あらかじめ字数配分しておくと失敗がない。決まった時間内で書き終えなければならない試験のような場合は、字数に加えて、時間配分もしておくとよい。アウトライン作成までの構想（想を練る）時間一〇分、始めの段落、一五〇字、五分。次に中①の段落、二〇〇字、一〇分、中②の段落、二〇〇字、一〇分、中③の段落、二〇〇字、一〇分、まとめの段落、一五〇字、五分、推敲に一〇分、という具合である。総字数一〇〇〇字、総時間六〇分の計算になる。

一時間で千字程度の文章をまとめなければならない場合、このような目安が参考になる。字数配分は始めと終わりは短めにし、実証の中の段落に十分な字数を配ることである。始めと終わりの段落の役割は決まっている。主題が明確であれば、まとめ（首尾照応）に悩む時間も少なくてすむ。途中で焦ることのないように、書き始めるまでの構想

コラム：法律学のリテラシー　その②　〜大空から鳥が見おろすように〜

皆さんは、知人から「よい文章」とはどういうものかと質問されたら、どのように答えますか？　もちろん人によって、文章の種類によって、答え方は異なるでしょう。しかし、いかなる種類の文章であれ、読み手に「理解しやすく」書くことは当然に求められます。なぜなら、私たちが文章を書くのは、誰かに何か伝えたいテーマがあるからです。相手がいる以上は、その相手にこちらの意図が正確に伝わるように文章を書かなければなりません。

前のコラム（法律学のリテラシー①）では少し細かい話をしました。言葉のひとつ一つに注意を払うことは、文章を書く上でとても大切なことです。しかし、ここで注意しなければならないことは、「木を見て森を見ず」という羽目に陥らないということです！　ひとつ一つの文がとても上手く書かれていても、文章全体を見渡すと、文中の脈絡がバラバラで全体として調和が取れていないというのでは、相手にこちらの意図は伝わらないでしょう。理解しやすい文章を書くには、その第一歩として、まず自分が伝えたいテーマを明確にした上で、文章の最初から最後までそのテーマを一貫させることが重要です。

「鳥瞰」という言葉を知っていますか？　これは空を飛ぶ鳥が見おろすように、大きく全体を見渡すことを意味しています。このような視点は、文章を書く際にも、また文章を読む際にも重要となります。もちろん法解釈にとっても、それは欠かせない要素です。

次の条文を見て下さい。日本国憲法の第9条では、

「①日本国民は、正義と秩序を基調とする国際平和を誠実に希求し、国権の発動たる戦争と、武力による威嚇又は武力の行使は、国際紛争を解決する手段としては、永久にこれを放棄する。
②前項の目的を達するため、陸海空軍その他の戦力は、これを保持しない。国の交戦権は、これを認めない。」

と規定されています。

この条文はそれほど曖昧ではありませんが、それでもその解釈をめぐっては争いがあります。例えば、この憲法は侵略戦争に止まらず自衛戦争まで放棄しているのか、または自衛のための最低限度の実力（自衛隊）保持は許されるのかという点で争いがあります。しかし、第9条のみにとらわれず、憲法全体に目を向けてみると、実は、日本政府の戦争に関する権限や軍隊に関する権限について、それを認める規定はいっさい存在しません。つまり、日本国憲法は、徹底した「平和主義」という理念で貫かれているのです。それにもかかわらず、この第9条のみから、日本政府の戦争権限を認めるという解釈は、まさに「木を見て森を見ず」の典型例と言えるでしょう。もし日本国憲法が、国際平和のために戦争を放棄すると第9条で謳いながら、他のところで軍隊を認める規定を設けていたら、まったくの支離滅裂で、私たちは日本国憲法の主旨が理解できなくなるでしょう。

皆さんも文章を書く際には、相手に何を伝えたいのか、まずはテーマを明確にすることから始めましょう。そして、文章の執筆段階では、序論→本論→結論という文章の流れ（論理的展開）の中で、そのテーマが一貫しているかという点につねに注意を払って下さい。さらに、文章を書き終えたら、もう一度、大空から鳥が見おろすように、文章全体を見渡して、最初から最後までテーマがぶれていないか確認（推敲）することを是非とも忘れずに行って下さい。よい文章とは、細部にわたって繊細な配慮がなされているとともに、全体的な大きな流れの中では、つねに調和が保たれているものです。

それでは、皆さんの健闘を祈っています！

（田中祥貴）

の時間を最低一〇分は取りたいものである。（細かい時間配分を示したが、あくまで目安、落ち着くための一つの方法にすぎない。）

これで準備は完了。一気に書き上げよう。

表現スキル⑦　説得のためのレトリックを考える

読み手の共感を得る、説得力ある文章というのはどういうものだろうか。百人百様、どんな考え方にもそれ一つだけが正しいというものはあり得ない。そんな一つの自分の考えを、より深く読み手に納得させるためには、どのような表現上の工夫（レトリック）が考えられるだろう。

読み手が抱くであろう反論を予測しながら書き進めることがポイントである。一方的に自分の論を書き進めるのではなく、「確かに……と言えないこともない」「もちろん……という人もいるだろう」「なるほど……かもしれない」というふうに、相手の立場を容認した上で、それでも自分はこう考えるのだということを、次のように説得していくのである。「しかし……というべきである」「さらに……ということも言える」「やはり……である」と反駁を加えていけば、反論を持っている読み手も理解を示すはずである。

取り上げた事例が実証的なものであれば説得力が高まるのは当然である。加えて、上記のように読み手の考えを受け入れた上で、心情にも配慮する書き方が工夫できるようになれば、文章はさらに説得力のあるものになる。ここまでくれば、すでに基礎レベルを脱して、自由に応用できる体勢が整ったと言えるだろう。

表現スキル⑧　寝かせてから推敲を

推敲は、文章完成に向けて、もっとも大事な最終過程である。大事なことは、あわてず、焦らず、可能な限り時間をかけること。大切な文章ほど、早めに仕上げて推敲の時間を十分に取りたい。わかってはいても、なかなか実行できないのも事実であるが、たとえ五分でも十分でも、推敲してから提出するのとしないのでは、雲泥の差と言ってよい。テストなどの場合は、誤字や脱字が評価に大きな影響を及ぼす。推敲の重要性を忘れないでほしい。

「寝かせてから推敲を」というのは、推敲そのものに時間をかけるというよりも、推敲までに文章をしばらく寝かせると、第三者の視点で、客観的に推敲できるという意味である。自分で書いた文章を、あたかも他人の文章であるかのように冷静に点検できるようになるには、寝かせる時間が長ければ長いほどよい。一週間おいてから読んでみよう。書き上げた直後には気づかなかった誤字・脱字、構文の誤り、段落の不備、構成の不具合、果ては主題の曖昧さやタイトルのずれなど、思いがけないほど数多く、訂正箇所が目に飛び込んでくる。徹夜で仕上げて翌朝に出す文章の出来は、せいぜい六割、ひょっとするとそれ以下かもしれないと心得ておくべきだ。書き上げた原稿を一度寝かせ、十分推敲すれば出来は八割にも達するだろう。このことを覚えておいてほしい。

とはいえ、自分で書いた文章を人の文章のように客観視するのは難しい。自分の姿は自分ではよく見えないものである。思い込みや、文章には書かれていない事柄が、無意識のうちに文章に影響を及ぼしている。寝かせる時間も、取れないことの方が多いのも事実である。そんな時、第三者の助けがありがたい。高校生以上であれば、兄弟、友だち、両親、祖父母、だれでも身近な人に読んでもらい、わからないところを指摘してもらうといい。誤字・脱字はもちろんのこと、文法や段落の配置、主題のわかりやすさまで、思いがけない反応があるはず。提出や発表の前に、第三者の目を通すことができれば、最低でも二割は作品の完成度を上げることができる。

なお、表記や文法上の細かな誤りについては、コンピュータが詳細にチェックしてくれる。書き手が力を入れて推敲しなければならないのは、文章全体のまとまりについてであろう。表現スキルをチェックポイントに、部分と全体の関係をしっかりと確認しながら、納得のいく文章にまとめ上げよう。

文章は、草稿を書き上げた時点が、本格的な作品完成に向けてのスタートであるとも言える。推敲をいとわず、文章に磨きをかける意欲が、確かな文章表現能力につながることを忘れないでいてほしい。

（完成稿例文）引きこもり――手を差し伸べる――

①　若者の中で、いじめや対人関係が原因で、自分の気持ちをコントロールできず、引きこもりになる人が増えている。どうしたら引きこもりを解消することができるのだろうか。

②　私の中学時代、クラスの男子が一人、不登校から引きこもりになってしまったことがある。彼は、いつも一人でいることが多かった。話しかけてもあまり答えてはくれず、活発に行動することもない、おとなしい性格だった。そのうちに、周りの人は彼の悪口を言うようになった。彼が何か失敗をすると、それを見て笑ったりすることもあった。するとしばらくして、彼は学校に来なくなってしまった。

③　私たちは、自分がしたことを反省し、クラス全員でメッセージを書いた。彼に対してしてしまったことを謝り、学校に来てほしいという気持ちを書いた。他にも、どんな気持ちでいるのか話してほしいと書いて、彼に届けた。しばらくして、彼は少しずつではあるが、学校に来るようになった。彼は教室に来るとみんなの前で、「悪口を言われたり、笑われたりするのがいやだった。勇気がなく誰にも言えず、一人で考え込んでしまっていた。でも、みんなのメッセージを読んで、親にも話して、また学校に行こうと思った」とそれまでの自分の気持ちを話してくれた。

④　もちろん、引きこもっているすべての人が、彼のように、自分の気持ちを話し、引きこもりが解消できる訳ではないだろう。しかし、周囲の人が何とかしなければならないと考え、少しでも行動することが引きこもり

を解消するきっかけになると思う。本人を理解しようとしたクラスの手紙が、固く閉じた彼の気持ちを変化させたように、周りがほんの少し手を差し伸べるだけで、相手の気持ちを軽くしたり、勇気を与えたりすることにつながることもあるのだ。それはやってみなければわからない。

⑤　自分の気持ちを正直に話すのは、とても難しくて勇気のいることである。しかし、見て見ぬふりは一番いけない。まずは、周囲の人がどうすればいいのかを考え、手を差し伸べることで、引きこもり解消の糸口がつかめると思う。

㈢　批評会で互いの文章を読み合おう

文章は、書きっぱなしでは次なる上達への道筋が見えてこない。表現されたものが読み手にどのように受け取られるか、検証が必要である。料理も洋裁も、食べる人、着る人の評価を得てその出来具合を知り、さらなる挑戦へとつながっていくのである。文章も同様、読み合って、伝わり具合を互いに検証してみよう。

仕上げの最終段階、苦労して書き上げた文章である。多くの人に読んでもらい、また他者の文章も読んでみたくなるのが人情であろう。音楽会の発表会や絵画の展示会のように、みんなの作品を楽しみながら読ませてもらおう。自分にはない表現や発想のかずかずが学べるはずである。

・六・七人のグループで

一人平均千字の文章である。二百字作文の批評会と比べると読む時間がかなり長くなる。しかし、二百字作文で経験を積んだ分、要領は飲み込めているだろう。一コマ九〇分の授業で十分に完結できる学習活動である。グループの人数は六・七人が適切である。多すぎても少なすぎても、満足の得られる作業にならない。

コラム：**感性を活かした執筆**—書くことの手触りを大切に—

先日、ラジオ放送で、あるアメリカ人作家のインタビューを聞いた。その作家は、この電子機器至上の時代にあって、いまだにノートとペンを使った執筆を続けているそうだ。この作家が自分の執筆方法について説明する言葉を聞いて、私は自分の執筆体験を思い出した。

このアメリカ人作家は、小説を執筆するときに、まずノートに手書きでアイディアを書きとめるところから始めるそうだ。こうして一度自由に発想を出しつくしてから、二回目にはこのメモを見ながら別の色のペンで紙の上に執筆する。このときは、あまり細部にこだわらず、とにかくストーリーの全体を書き流すことに専念するという。そのうえで、この原稿をタイプライターで清書してゆく。出来た原稿は、再びペンで加筆・修正しながら、細かい表現を整える。最後にこれをもう一度清書して、一つの作品が完成するのだ。

大変に手の込んだ、時間のかかる執筆過程である。しかも、コンピュータのワープロ機能を使わないのだから、かなり時代遅れという印象を受ける。だが、興味深いことに、作家はこの執筆方法が自分にとって最善であると主張して譲らない。そのとき彼は、ある珍しい言葉を使った。私の聞き間違いでなければ、それは「physicality」いう語である。辞書的には、これは体質や身体的運動能力を意味する言葉だろう。しかし、作家本人は、どうもこの言葉を「手触り」の意味で使っていたようだ。紙の質感、インクの色彩、ペンを握る手の感触と文字を書くときの筋肉の運動、このような身体感覚を創作活動の重要な要素と見なしているらしい。なぜコンピュータを使わないのか、というインタビュアーの質問に答えて、作家は、「コンピュータで執筆すると、訂正前の言葉が跡形もなく失われてしまう。それが気に入らない。自分はむしろ、何層にも積み重なったノートやメモの中に、作品が熟成してゆく過程を楽しんでいるのだ」と語っていた。

これを聞いて私は、深く同感した。なぜなら、私自身がこの言葉どおりのことを体験していたからだ。私は、一九九五年から二〇〇〇年にかけて、ドイツのある大学で一八世紀の哲学についての本を書いていた。最初の一年ほどは、思うように原稿の執筆が進まず、大変に苦しい時期だった。参考文献を読み漁り、それを片端からノートパソコンに打ち込んでゆくのだが、さて原稿を書く段になるとうまくいかない。何回文章を打ち込みなおしても、思考は同じところをグルグルと回転しているだけなのである。これには、まいった。

そんなあるとき、たまたまカフェのテーブルで、ちょっとした思いつきを書きとめ始めた。私はいつのまにか夢中になっていた。気がついたときには二時間が経ち、本の基本構想が出来上がっていたのだ。もちろん、これはごく粗い設計図にすぎなかった。だが、このとき以来、私はパソコンに依存した従来の執筆方法を止め、手書き中心の執筆に切り替えて、その四年後には三〇〇頁余りの原稿をドイツ語で書上げることができたのだ。

そのときの原稿はすべて大切に保管してある。見ると、ひとつの章節を最低三回は書き直している。そのたびに、赤や青のインクで加筆訂正した跡がある。本棚の一段を占めるこの草稿の集積が、私の精神的な財産なのだ。

今でも、執筆に行き詰まったとき、私はノートパソコンを閉じ万年筆を手に取る。原稿用紙に向かい、ゆっくりと大きな文字で言葉を紡ぎ出す。その手触りと身体の運動に助けられ、発想の波が沸き起こる。

感性とは、本来、身体の具体的な感覚である。紙とペンを持ち、肉筆の文字を見つめる、その身体感覚が精神の運動を促すのだ。感性を活かした執筆——何も難しいことはない。若者よ、機械に頼るな、ペンをとれ！

（中澤　武）

グループに分かれて批評文の書き方について学習するのに二十分、作品を回し始めて全員が批評文を書き終えるのに最低六十分、戻ってきた自分の作品の批評を読んでから、批評会、および自分の作品に関する自己評価文を書くのに十分と計算すると、ほぼ九十分の授業時間内に終えることができる。手順をしっかりと決めておいて、テンポよく進めることが緊張感のある批評会を生む。

・批評文の書き方はこんなふうに

批評は批判や非難ではない。単に自分の感想を述べることでもない。実証的（一六四ページ、相互批評欄の例のように「　」で引用したり、印をつけたりして、根拠を示して）に、表現効果について解説することが求められる。これまでに学んだ表現スキルの数々を思い起こしながら、グループの仲間の文章を、書き手によくわかるように批評してみよう。

今回の批評会では、プラス評価を共通認識とし、上手だと思うところ、効果的だと思うところだけを指摘する。間違っていたりおかしいと思ったりするところは取り上げない。人は、自分の間違いにはなかなか気づかないものだが、他人の間違いはすぐに気づくものである。その間違いは、自らの教訓とし、書き手が工夫したと思われる点や、効果的に表現されていると思う箇所に関して、それがよく伝わるような批評文を書いてみよう。良さに気づいて批評文が書けるということは、それは即ち、自分自身もそのような表現が可能だということでもある。

時間をかけて書き上げた文章である。他のどこにもない、作品である。説得力ある表現とはどのようなものか、そのことを吟味しながら読み合おう。

◇こう書いてみれば

・批評例（相互批評欄）をよく読んで、具体的に引用しながら批評しよう。

・効果的な表現、上手に書けていると思うところを指摘する。どれだけ上手な部分が指摘できるか、表現スキルを思い出しながら、なるべく多く探しだそう。
・六、七人のグループで、六十分を目処に一巡させる。
・批評を終えたら、署名を忘れないように！ 自分の書いたものに責任を持つために。

参考 意見を述べる態度

> すべて意見を述べるにあたり大切な事は、説く相手（人君）のほこりとする点を誇張して、恥とする点を全然述べないようにする言いかたを心得ることにある。相手（人君）が失策だったと気づいていることは、その過失を極言してはいけない。
>
> （司馬遷『史記列伝』㈠岩波文庫）

批評に際しての観点は、これまで学んできた表現スキルが拠り所になる。批評文につまったら、次のスキルを参考に観点を広げよう。

批評の観点

二百字作文で学んだ表現スキル（批評用に一部変更）

①タイトルは内容に合っているか。
②書き出しと書き結びは照応しているか。
③文体は統一されているか。
④わかりやすい（自分の）言葉づかいで読みやすいか。

⑤五感や客観的スケールが効果的に使われているか。
⑥文の長さは適当か。（意味が取りやすく、リズムがあるか）
⑦文と文の繋がりは自然で読みやすいか。〔時間順、空間順、接続詞〕
⑧ことばが的確に選ばれているか。
⑨文末に変化があり、無駄な表現はないか。

やや長い文章で学んだ表現スキル（批評用に一部変更）

①実証部の二段落を書き分けているか。
②主張につながるタイトルがついているか。
③事実と意見（感想）を混ぜていないか。
④主題文は内容と合っているか。
⑤アウトラインは論理的に組み立てられているか。
⑥説得力があり、納得できる書きぶりか。
⑦文字・表記は正しく丁寧で、字数は十分か。
⑧十分推敲されているか。

・自己評価文を書いておこう

作品が手元に戻ってきたら、自己評価文を書いておこう。批評を読んだ後なら、自分の作品に対して、また違う見方ができるだろう。次につなぐためにも、批評会で学んだことを書き留めておこう。

グループ別批評会で相互評価の経験をして、どう思っただろうか。作家の文章をテキストで読むことはあっても、同世代の人の文章を読む機会は案外少ないはず。この機会を大事にして、自分の文章を客観的にとらえ直す癖をつけよう。批評文同様、二章とこの四章で学んだ表現スキルを手掛かりにして、参考資料のように自己評価文をまとめておこう。

批評会の準備と具体例

原稿用紙一枚目

クラス　　番号　　氏名

課題…ボランティア活動
タイトル…—何をどこまで援助すべきか—
主題文…施設の方針を理解し、相手を生かす援助をしなければならない。
アウトライン
1、　・始めた頃の戸惑いと同情。**何をどこまで援助すればよいのだろう。（問）**
2、中①　・**活動を始めた当初**の張り切りと職員に対する不満。
　　　　・福祉施設には入所者のためを考えた援助方針があった。
3、中②　・**慣れた頃**の入所者の一言。
　　　　・その一言がきっかけで、自分の立場と援助のあり方に気づいた。
4、中③　・何でもすればよいのではなく、相手を生かす手助けが重要。
　　　　・施設では入所者を生かすための方針を設定している。

・周りがやると、本人のやる気がなくなり、自分でできる喜びもなくしてしまう。
5、「何をどこまで援助すべきか」は、相手を生かす援助かどうかによる。（答）
・ボランティアも、入所者のことを考えて決められた施設の方針の邪魔をしてはいけない。
・援助される人の立場に立ったボランティアを本気で続けたい。

原稿用紙二～五枚目　本文と相互評価・自己評価例

ボランティア活動―何をどこまで援助すべきか―

クラス　　番号　　T・H

入学してから「○○ドングリ園」という重度の障害を持つ人々が生活する施設を訪問するようになった。初日は、何と声をかければよいのか、何の話しをすればよいのか、まったくわからない状態で、ただおろおろするばかりだった。中でも、体幹の機能障害で車いす生活の人や言語障害の人に対しては、「かわいそう」という気持ちもあった。ボランティアは、いったい何をどこまで援助すればよいのだろうか。

はじめの頃、私は、「私のできることなら、何でもやってあげよう」と張り切っていた。歩行や車いすの介助、使いを引き受けることなど、「自分のできることなら、率先して何でもやろう」という気持ちでいっぱいだった。「ボランティアの人は、何でも頼むとやってくれるのに、給料をもらっている職員はやってくれない」と言う入所者の不平を聞いて、「職員の方は、少し冷たすぎるのでは」と思ったりもしていた。

一か月ほどして、ドングリ園では、日常的な身の回りのことなどは、不自由な身体ながらも自分自身で処理することが基本方針とされていることを知った。近くの企業の委託を受け、園内で作業もしていた。日常生活では、掃除当番や配膳当番のような役割分担制も取り入れられている。職員はその方針をよく理解して働いているのに、素人の私は、そのようなことに気づくこともなかった。

ボランティア活動をはじめて三か月ほどすると、入所者の明るさにも助けられ、いっしょにカラオケに出かけたり、女の人とは好きな人の話をするほどの仲になっていた。そんなある日、一人の入所者から「自分でできることは自分でする方がうれしいのよ」と告げられた。特に、障害を持つ人の場合、せっかく本人ができることを、周囲が全て手出ししてしまうと、本人が何ごとに対してもやる気を失い、できる喜びも忘れてしまうことになると言う。援助者は、時には心を鬼にして我慢する必要もあるというのだ。

その時まで、私は障害を持つ人を上辺だけで理解していた。かわいそうな人、助けてあげなければいけない人だと思っていた。それに、ボランティアとして職場に入らせてもらっているという立場も忘れ、園の基本方針も理解せず、自分の満足のためだけを考え、相手の満足や充足感という大事なことには気づいていなかった。

「何を、どこまで援助すべきか」ということは、ボランティア活動を続ける上で非常に重要であり、同時に難しいことでもある。まずは、そこで働く人々の邪魔にならないように、施設の方針をよく理解しなければならない。そして、その次に、その場限りのやさしさではなく、援助される人の立場に立った、その人を生かす援助ができるボランティアのあり方を学び続けたい。

【相互批評欄】（本文とは違う新しい原稿用紙を使用し、批評者は氏名を明記する）

・自分のボランティア活動に対する考え方が、入所者の一言で変化する様子がわかりやすく書かれていた。「一緒にカラオケに出かけたり、女の人とは好きな人の話をするほどの仲にもなった」という部分からは、どれほどがんばって、入所者の人たちと馴染んでいたかがよくわかった。

批評者署名　K・T

・1の書き出しの段落で「何をどこまで援助すべきか」という問いが出され、4と5では、それに対する意見がしっかり書かれていた。首尾が照応していて、意見がよく伝わる書き方だった。　S・M

・ボランティアをする上で大切なことは「何もかもをやってあげるのではない」という事を、自分の体験をもとにわかりやすく書けていた。「ボランティアの人は何でも頼むとやってくれるのに、給料をもらっている職員はやってくれない」という入所者の不平と、「職員の方は、少し冷たすぎる」と思った自分の思いを書き入れたことによって、初心者の当初の意気込みがよく伝わってきた。　K・H

・ボランティアは、自分の満足のためだけを考えるのではなく、相手の満足や充足感を考えることが大切なんだということが、とてもよくわかるように書けていた。実体験をもとにしているので説得力があった。　T・S

・ボランティアを始めてからこれまでの障害者に対する気持ちの変化（「かわいそう」から「時には心を鬼にして我慢する必要もある」まで）が、順を追って、読み手の理解しやすいように書かれていた。書き手の成長の様子がよく伝わる文章だった。「自分でできることは自分でする方がうれしいのよ」という入所者の言葉の引用が効果的だった。　T・H

・ボランティアについて、真剣に考え実行している様子が、時間の経過順に、しかも、考え方の変化を対比しながら丁寧に書けているので、読み手にもひしひしと伝わる。事実も正確に書かれているし、意見や感想も4と5にまとめて書かれていたので、わかりやすかった。最後の「援助される人の立場に立った、その人を生かす援助ができるボランティアのあり方を学び続けたい」という言葉から、筆者の成長の様子が伝わってくる。

K・N

◎自己評価文

どの人の意見文も、経験談が効果的に取り入れられていて状況がわかりやすく、説得力があった。同年代の人の考えがわかり、自分の考えの幅が広がった。

自分の文章は、授業で習ったように、事実を正確に書き、読み手に状況がよくわかるように心がけた。意見を同じ段落に混ぜないようにも心がけた。いつの間にかずいぶん長くなってしまって、自分でも驚いたが、はじめにアウトラインを作ってあったので、途中で自分が何を書いているのか見失うことが無くてよかった。長くなった二段落目は、読みやすさを考えて、後半部を形式段落として独立させた。

自分の考えていることを文章にして表すことは、口で伝えることよりも簡単なような気がした。友達に自分の考えが伝わったことを励みにして、これからもボランティア活動を頑張っていこうと思う。

本人署名　T・H

五　ノートからレポートへ

大学生活では、講義を聞く、実習に出る、参考文献を読むなど、後でテストやレポート作成に活用するための情報を記録する必要がある。情報を早く、そしてわかりやすくノートし、それをもとによいレポートを書くためにはどうすればいいのだろう。

(一) まずはノートから

「役立つノート」を取るための注意点

ノートを取る目的は、授業内容を後から振り返り、「利用する」ためである。とりわけ、学期末テストのための復習をしたり、レポートをまとめたりする時に役立つノート作りが肝心である。

板書事項をすべて書き込むというのではなく、むしろ教師の話をしっかりとよく聞いて理解し、必要なことのみをノートに書き留めることがポイントである。教科書やプリントなどの教材も合わせて、全体として授業を振り返ることができるノート作りを考えるとよい。間違っても「ノートを取ること」が目的になるようなことのないように。

(1) 種々の講義ノート

a．教科書のある講義の場合

・事前に基本的な知識や概容をつかんでおき、教科書にない具体例や補足情報をノートする。その際、教科書のどの部分に相当するかを忘れずに記録しておくと後で思い出すのに便利である。

・講義をよく聞いて理解することを最優先し、ノートは記号類を利用しながら、できるだけ早く書くようにする。

・節目となることば「今日のトピックは・・・」、順序を示す「まず」、「次に」「最後に」、具体例をあげる際の「例えば・・」「例をあげると」、言い換えやまとめの「つまり・・・」「以上」などに注目し、全体の流れを見失わないようにする。番号や矢印などの記号を活用するとよい。

・講義中に十分書き取れなかったノートは、記憶が新しいうちに不足する箇所を補い、疑問点は早い時期に解決しておくほうがよい。質問を嫌う教員はいない。質問することを躊躇しないでその日のうちに解決しておこう。

・ノートは、詰めて書き込まず、補足事項や自分の疑問点、意見、思いつきなどを書き込める余分なスペースを作っておくと気楽にメモが取れる。ルーズリーフの片面だけを使う方法がお勧め。取りはずしが可能な上に、裏面も自由に活用できる。

b．教科書がなく、プリントが配布される場合

・プリントが教科書代わりと考えられるが、あらかじめ配布されることは少ないので、予習するのはむずかしい。前時のプリントを読んで復習してから授業に臨むと流れがつかめる。

・詳しく内容の書かれたものは、教科書に準じるため、上記の「教科書がある場合」と同じに考えてよい。気をつける点は、配布プリントを毎回きちんと整理しておくことである。今度でいいと思ってしまうと収拾がつかなくなる。すぐに専用ファイルを購入して、整理を始めるのが肝心である。

・レジュメのような、授業の概要だけが書かれたプリントが配られる場合は、ノート代わりにレジュメに書き込むほうが合理的である。しかし、余白が少ない場合は、順序を参考にするためにノートに張り付けて、詳細はノートに取るべきだろう。

・プリントは教員によって様々な形があるため、「後から読み返して理解できるかどうか」を規準に、十分に書き込

みをしておくべきである。

・結果的に自分の取ったノートが教科書代わりになる。かなり手ごわい授業スタイルであるが、まずは話を聴くことに集中し、内容を十分に理解することが肝心である。とりあえずはメモを取り、後で時間をかけてノートを完成するという方向がよいだろう。

c．教科書もプリントもない場合

・教科書やプリントがない場合は、板書がそれに代わることになるので、当日のトピックや重要語句の定義、また具体例や結論などは漏らさずにノートに取っておこう。

・流れや要点がわからなくなった場合は、遠慮せずに教員に質問し、その日のうちに疑問点を解消しておこう。

(2) 実習記録ノート

実習記録ノートを取るための注意点

・日時、期間、場所、担当、指導担当者名、実習（介護）担当の相手の名前など、固有名詞を含む事実はきちんと記録する。覚えていると思っていても、記憶は徐々に薄れていく。レポート作成に際して、記録が重要な情報源となる。メモをしっかりと取っておき、忘れないうち（できればその日のうち）に、まとめておく。

・何より事実を正確に記録する。同じ実習をした学生や、実習先に確認しても同意が得られるように、客観的事実を正確に書き留める。

・配布資料やパンフレットなどの活字情報は、やがてレポートにまとめる際に役に立つ。配布された場所と日時を忘れずに記録しておこう。整理されていない資料は、ゴミ同然である。

・感想や意見は、データ（事実・記録・数値）と混ぜてメモしてしまうと、あとで判別が難しくなる。レポート作成の情報源として価値あるものとするためにも、ノートを工夫して（記号化や色分けなどで）、事実と意見をわかりやすく書き分けておくとよい。

・記録の前提は「観察」である。しかし、漫然と何もかもを観察することは不可能なのだから、まずは「観察」の「視点」を定める必要がある。実習前に計画した各自の「実習のねらい」が観察の「視点」となる。この「視点」からはずれないように「観察する」ことが肝要である。

・たとえば、「本日の実習のねらい」が「子ども同士の関係を観察する」と定められているのなら、その一日の実習の意識は子ども同士の人間関係に集中して観察することになる。メモ用紙を身近に準備して、「視点」がぶれないようによく「観察」しよう。

(3) 文献調査

文献調査の方法

大学では、しばしばレポートの提出を求められる。レポートを書くためには、ノートや教科書も含め、多くの資料を読まなければならない。学期末ともなると、いろいろな科目のレポートが重なり、ゆっくりと資料を読んでいる時間が取れないのが実情だろう。ここでは、資料の選定の方法と効率的な読み方について考えてみよう。

・レポートでどのようなことを書くか、およそのプランを立て、図書検索のためのキーワードを選定する。

・図書館のＯＰＡＣ（所蔵目録検索システム）や世界規模のインターネットを活用して、資料集めをする。

・読むべき図書、および部分を選定する。本の著者名・出版社名・出版年などは後で引用や参考文献名としてレポートに記述することを考慮して正確にメモしておく。（レポートを書くごとにできる参考文献リストを分野別に整理しておくと、卒業論文をまとめる際の文献リストとして活用できる。）

・書名・目次・前書き部分に目を通して、資料としての妥当性を判定する。
・スキミング（すくい読み）・スキャニング（探索読み）で、おおまかな内容とあらすじをつかむ下読みをし、レポートに使えそうだと判断したテキストについては、マーキング（大事だと思う部分に下線をひいたり書き込みをしたりする作業）をしながらクリティカル・リーディング（分析読み）を行う。（重要ポイントをマーキングする方法については、次節の要約の方法が役に立つので参考にしてほしい。）
・図書館などで借りた本に書き込みは許されない。その場合は、別にノートを取るかコピーに撮った上でマーキングする。

(二)レポート作成のために

(1)引用の方法

レポートの中で他人の文章を引くことを「引用」という。引用する場合に注意しなければならないことは、どこからどこまでが他人の文章で、どこからどこまでが自分の文章なのかがはっきりとわかるように区別して書くことである。他人の文章を区別せず、自分の文章のように使うと「盗作」になり、レポートが評価されなくなってしまうので、注意しなければならない。

最近では、インターネット上からさまざまな情報を探し出し、それをそのまま複写して張り付けただけのようなレポートが散見される。どのような情報でも、それを参考にして考えを深めることは良いことだが、それをあたかも自分の考えでもあるようにしてレポートとしてまとめるのは大きな間違いである。また、切り貼りのレポートは、文体や使用語彙から、教員には容易にその事実が判明する。

引用は、あくまで引用として、原文の出典を明らかにした上で、一字一句原文通りに借用するのが礼儀である。そ

コラム：インターネットは誘惑する

今ではある程度まとまった文章を書く場合にはパソコンを利用することが多いだろう。しかも、そのパソコンはインターネットにつながっている場合も少なくない。辞書を引くにしても、資料を調べるにしても、インターネットは作文という作業をずいぶん手助けしてくれる。

パソコン（ワープロ）のせいで漢字を憶えなくなったと言われるようになってからすでに久しい。確かにそれは正論だが、漢字を憶えなくなった分、オリジナルな発想や論理的な思考に頭を使うことができるのであれば、むしろその方が望ましいのではないかと思う。

そう言えば、かつて「薔薇」という漢字をすらすらと書いてみせられたことである作家に惹かれ、結婚に至ったという逸話の残る女優がいる。それは誰でしょう。こうしたこともインターネットで検索すればすぐに判る。というわけで、この問いは皆さんへの宿題としよう。

*閑話休題。文章の書き手にとって、インターネットは諸刃の剣である。検索サイトで何か適当なキーワードを入力すれば、参考となるような文章の数々がたちどころに現れる。問題は、そうして出てくる文章の質がさまざまで、いわゆる玉石混淆であることだ。なかにはウソを含んだ文章もあるだろう。

そして、もっとも警戒すべきなのは、多くの場合、それらの文章は（技術的には）「コピー可能」だという点である。むろん、他人が書いた文章を「引用」という範疇を越えて「コピーする」ことなど論外だ。インターネットで知り得た情報を参考にしつつ、いかにオリジナルな文章を書くか。書き手の能力とモラルが問われている。

（下野隆生）

＊「かんわきゅうだい」と読む。話を本筋に戻すときに用いる語。

れをもとに、自分が考えたことを自分のことばで述べるのが学生のレポートである。

なお、引用の具体的な方法については、巻末の参考資料2に例を示して詳しく述べてあるので参考にしてほしい。

(2)要約の方法

大学では、教科書や参考書などを要約することが、レポートの課題として出されることがある。要約の評価規準は、全体を体系的に理解しているか、重要な点は何かを見分けているか、テキストの論理的構成をとらえているか、客観的に（自分の個人的な感情や考えを交えずに）考えることができるか、また日本語で正しく表現できるか、などであろう。学習者の総合的な国語力を測るために、要約が活用されるのである。

また、レポートの一部分として、参考文献の内容を要約して取り入れる場合にも、要約の技術は有益である。短い部分であれば、そのまま引用することが可能であるが、長いテキストの場合は、要約して紹介せざるを得ないことが多い。

以下、要約のしかたについて実習してみよう。

a．タイトルの語句からキーワードを拾い、内容の目処をつける

タイトルは「本文の内容の究極の要約」であると言われている。小説やエッセイ、とりわけ推理小説の場合は、謎を深めるタイトルであったり、興味をひくものであったりすることもあるが、情報を必要とする人が、必要な情報だけを選んで読むための実用的な文章の場合、タイトルは、本文の核心部分を取り出した究極の要約になっていることがほとんどである。つまり、タイトルは要約の大きな手掛かりになるのである。

b．中心文からキーワードを見つける

各段落にある中心文を見つけ、その中からキーワードを拾い出す方法も有効だ。すでに学んだように、段落は一つの内容をまとめた部分であり、中心文はその要点を述べたものである。また、中心文は、段落のはじめの部分、あるいは終わりの部分に置かれていることが多く、比較的見つけやすい位置にある。（中には真ん中あたりにあるものもあるが。）各段落の要旨である中心文からキーワードを抜き出すことは、文章全体の要旨に迫る非常に効率的な方法と言えるだろう。

c．各段落の最初のつなぎことばに注目して、段落間のつながりを読みとる

段落がどのように展開しているか、文章全体の論理構成を読み取るには、段落と段落をつなぐ役目をする段落の最初の文のつなぎのことばを探るとよい。

「しかし」「けれども」「反対に」（対立）、「なぜなら」「というのは」（原因・理由）、「それゆえ」「だから」（結果）、「さて」「ところで」（話題の転換）、「まず」「次に」「さらに」「最後に」・「同様に」「さらに」（並列・付加）、「結局」「要するに」「つまり」（結論）など、関係を示すことばを手掛かりに、段落間のつながりをつかむとよい。

d．繰り返し出てくることばを抜き出す

本文全体の中で繰り返し使われていることばは、著者の主張を表すキーワードである場合が多い。タイトルと中心文のキーワードに加えて、段落ごとにこれらのことばを拾い出し、c．のつなぎのことばを参考にして関連づけていくと議論の展開が明らかになる。

e．終わりのセンテンスも参考にする

各段落の終わりには段落の結論が述べられることが多いが、文章全体の最後の段落の最後の文が、重要な意味を担っていることは当然であろう。

以上、五つのテクニックを使って、次に紹介する山崎正和の評論文、「文化論の落とし穴」を要約してみよう。全文三二〇〇字余りの文章であるが、四〇〇字ていどで要約を試みてみる。

文化論の落とし穴

山崎正和

①　ひと昔前、眼鏡をかけカメラを肩にして、猫背の観光客を見たら日本人だと思え、という浅薄な冗談がはやったことがあった。演説やあいさつをする時、アメリカ人はまずジョークで始めるが、日本人はおわびと弁解で始めるというのも、言い古された決まり文句の一つだろう。西洋の文化は罪を基盤とした文化だが、日本人の行動の規範は他人に対する恥の感覚であるというのも、もう長らく語り継がれてきた日本人への先入見である。わけのわからない微笑を浮かべて不気味な国民だという非難から、とかく感情的でヒステリカルに行動するという悪口に至るまで、過去百年、さまざまなタイプのレッテルが日本人と日本文化に張られ続けてきた。

②　こうしたレッテルは、確かにある程度、日本人の現実を言い当ててはいるものの、たいていは事実の一面が誇張されているのは、言うまでもない。しかも困ったことに、そうした事実が変わったのちにも、イメージはひとつの固定観念として、独り歩きをすることが多い。どうやら、人間はだれしも他国の文化や他民族の民族性について、安易な固定観念を抱いて安心する癖があるらしい。日本人についてばかりではなく、世界のさまざまな国民や民族の間で、互いにエスニック・ジョークというレッテル張りが楽しまれてきた。ポーランド人はお人よしであり、イタリア人はいつも女性を口説いているし、ドイツ人は数字と規則しか信じないなどというのは、その典型的なものだろう。

③　それにしてもとりわけ日本人については、近年に至って、この文化論的なレッテル張りがいささか危険な域に達しているように見える。日本の急速な経済成長と、世界の中での地位向上に伴って、日本人を見る外国人の目が次第に鋭く、険しくなってきたということだろう。貿易摩擦を巡って、今では日本人の経済活動を批判するだけではなくて、その背後にある日本社会の特性、文化的な伝統そのものを攻撃するといった論調が目立ってきた。アメリカのある政府高官が、日米の貿易不均衡を正すためには、日本の文化そのものを変えなければならないという、驚くべき発言をしたと報道さ

れてから、もうずいぶんの時がたった。

④　だが、実はそれ以上に不幸なことは、これに対応して日本人の側にも、自分たちの文化にある固定観念の枠をはめて、それを変え難いものとするかたくなな態度が芽生えてきたことである。経済の問題を巡って、例えば「日本的経営」という言葉が誇らしげに口にされ、その背後にある集団への忠誠心とか、協調心というものが過剰に強調される傾向が見られる。

⑤　けだし、一般に他人に固定観念のレッテルを張り、その人の性格や行動を決まり文句で決めつけると、我々の頭の中は明快になり、心が楽になるのは事実である。現実が複雑であったり、世界がとらえどころがないと、我々は不安になる。とりわけ、物事を精密に考えることの苦手な人たちは、とかく現象の一面だけを見ることで思考を中断しようとする。蛇は地中に潜るものだし、鳥は空を飛ぶものだ。そう思い込んでいれば、我々は蛇や鳥のそれ以外の微妙な現実について、忘れて暮らすことができる。同じように、我々は、地球上にともに生きる他の国民や民族について、常にこまやかな理解を示すほど暇でもなければ、また強い精神力を持っているわけでもない。そこで、エスニック・ジョークから高級な文化論に至るまで、わかりやすい一面的な説明を聞くと、それに飛びつくことになるのだろう。

⑥　これに対して、逆に自分自身について、固定観念を持ったり、自分の属する国民や民族に文化的レッテルを張りたがる性癖は、一見わかりにくい心理のように見える。しかし、これも実は、人生を安易かつ簡単に生きるための、怠け者の知恵だと見ることもできる。というのは、この人生には芝居のような一面があって、人はそれぞれ自分で決めた役を演じ、そのことによって心を安らがせることができるからである。

⑦　例えば、「男らしさ」という言葉があって、かつての男たちは、どこの国でも男らしく生き、男らしく行動するように教育されてきた。すると、仮に人生の悲しい事件にぶつかった時、人は男らしさという役を演じることによって、それだけで悲しみに耐えることができる。親から習ったり、本で読んだ男らしい人物のことを思い浮かべて、こういう時にはどういう顔をして、どういう一言を口にすればいいかを考える。そして、それを身をもって再現することによって、

に危機に臨んだような場合に強くなれるのである。

学び、あるいは伝説の中の英雄物語を読み、最も日本人らしい人間はこういう時どう行動するだろうかと考えると、特的伝統といった簡単な観念を持っていると、それを演じることによって自分の進路を簡単に選べるに違いない。歴史を行動の形を決めていくのは、誰にとっても簡単なことではない。その場合、もし我々が日本人らしさとか、日本の文化無意識のうちに一種のヒーローを演じて自分を励ますことができる。複雑な人生のそれぞれの局面の中で、一つ一つの

ⓑ

⑧　しかしこの場合、注意しなければならないのは、とかく問題の「らしさ」の持つ多様性を忘れて、その一面だけを安易にのみ込む危険があることだろう。実際、男らしさといっても、考えてみれば、ずいぶん多様な側面を含んでいるはずであって、ある人は男らしさといえば腕力が強く、決断力があって、おおまかに行動する人間のことを思い浮かべるかもしれない。しかし現実には、男は女性よりもはるかに小さなことが気になり、人間関係のこじれにこだわり、よく言えば繊細である、悪く言えば感傷的になる性質も持っている。男らしく振る舞うのは結構だとしても、この二つの側面のどちらを選ぶかで、我々の行動は全く違ってくるはずである。そして、もし人が正確な目で事実を分析しないで、早のみ込みに一つの先入見にとらわれれば、生き方はたちまち間違った方向に固定されてしまうことになろう。

⑨　考えてみると、我々は自分をある仕方で認識するが、実は、その自己認識がまた自己の実体を作るという側面を持っている。人間は、生きている自分を見つめて自分のイメージを作るだけではなくて、いつの間にか自分で作ったイメージに合わせて、逆に現実を生き始めてしまうという性質を持っている。文化論についても同じことで、もし誤った民族性のイメージを作り上げてしまうと、その後の行動の中でこのイメージは補強され、増幅され、私たちを思いがけない方向に引っ張っていくことになる。文化論というのは、決して単なる事実の認識であるだけではなくて、実は行動の規範であり、またひと回りして認識の枠組みにもなるという、恐ろしい事実を見つめておかなければならないだろう。

⑩　しかも、男らしさなどといういわば生理的、自然的な性格と比べた時、一つの社会の文化は格段に複雑であり、多様であって、それだけにその認識は恣意的になりがちである。長い歴史の中で無数の個人が集まって、半ば無意識のうち

に作り上げてきた集合的な性格、あるいは生活の様式が文化というものである。したがって、一つの文化について考えるにしても、その歴史の中のどの時点に焦点を当てるか、あるいは多様な広がりのどの一点を強調するかによって、全く違ったイメージが浮かび上がってくる。それだけに、文化および民族性のイメージを考えるにつけては、我々は特別に慎重であり、焦点の選び方に注意深くあらねばならないはずである。（数字は段落番号：解説の便宜上添加）

（山崎正和『日本文化と個人主義』中央公論社、一九九〇）

【タイトルの語句からキーワードを拾い、内容の目処をつける】

タイトルからは「文化論」と「落とし穴」という二つのキーワードが拾い出せる。とりわけ「落とし穴」ということばからは、「人を陥れる謀略」だから気をつけなければならないといった「文化論」に対する筆者の否定的な見解が読み取れる。

【中心文からキーワードを見つける】

上記本文の中心文からキーワードを取り出すと以下のようになる。同じことばが繰り返し使われている様子がよくわかる。

①段落：さまざまなタイプ・レッテル・日本人・日本文化
②段落：レッテル・日本人の現実・事実の一面が誇張
③段落：日本人・文化論的・レッテル張り・危険な域
④段落：不幸・日本人の側・文化・固定観念の枠・かたくなな態度
⑤段落：他人・固定観念のレッテル・決まり文句・明快・楽

⑥段落：自分自身・固定観念・自分の属する国民や民族・文化的レッテル・怠け者の知恵
⑦段落：男らしさ・行動・教育
⑧段落：注意・「らしさ」のもつ多様性・一面・危険
⑨段落：文化論・行動の規範・認識の枠組み・恐ろしい事実
⑩段落：文化・民族性・イメージ・慎重・注意深く

【各段落の最初のつなぎことばに注目して、段落間のつながりを読み取る】

段落はじめの接続詞に傍線をつけた。

①段落：日本人と日本文化に張られてきたレッテルで導入。
②段落：こうした：一段落目を指示語で受けて世界を例に一般論を展開。
③段落：それにしても：前段を受けて、外国人による日本人に対するレッテル張りへの疑問提起。
④段落：だが：逆接で受けて、レッテルの受け止め方に対する日本人側の問題点の指摘。
⑤段落：けだし：前段を受けて、他人にレッテルを張ることの肯定的側面を述べる。
⑥段落：これに対して：対比的に自分にレッテルを張ることの肯定的側面を述べる。
⑦段落：例えば：⑥段落の内容に対して具体例をあげて説明する段落。
⑧段落：しかしこの場合：逆説で受けて、レッテルにより多様性がそこなわれるという観点から⑤・⑥段落への反駁を行う。
⑨段落：考えてみると：論を進めて、レッテルにより形作られるイメージが自己の行動の規範となり、認識の枠組にもなる怖さを指摘する。

⑩段落：しかも：⑦・⑧段落で説明した「男らしさ」に比べて「文化」はより複雑で多様であることを指摘したうえで、したがっての後、「文化および民族性のイメージを考えるに当たっては特別に慎重であり、注意深くあらねばならない」とまとめている。

第⑦段落のように、例をあげて説明する段落は要約では省略できる。

全体の構成を見てみると、①②の段落で導入が行われ、③④の段落で問題提起が行われている。続く④⑤⑥⑦の段落で、問題に対する著者独自の考察が行われ、⑧⑨の段落で問題に対する答えが示されている。最終の⑩段落では、⑧⑨段落の内容を受けて、主題によるまとめがなされている。段落の配置、字数の配分とも説得力ある構成と言えるだろう。

【繰り返し出てくることば・段落内で重要なはたらきをすることばを抜き出す】

①段落：決まり文句・先入見・レッテル・日本人・日本文化
②段落：レッテル・誇張・イメージ・固定観念・一人歩き
③段落：文化論的・レッテル張り
④段落：日本人・文化・固定観念の枠・かたくなな態度
⑤段落：固定観念・レッテル・決まり文句
⑥段落：自分自身・固定観念・国民・民族・文化的レッテル・怠け者の知恵
⑦段落：男らしさ・教育・役・演じる・ヒーロー・日本人らしさ・文化的伝統
⑧段落：らしさ・多様性・一面・先入見・固定
⑨段落：自己認識・自己の実体・文化論・行動の規範・認識の枠組み

⑩段落：一つの社会の文化・複雑・多様・認識・恣意的・違ったイメージ・慎重・注意深く

中心文を具体化してわかりやすく説明するためのことばがいくつか加わるために、基本的に中心文のキーワードと重なる部分が多い。中心文のキーワードだけで要約しきれない（前後関係が明示できない）ところは、これらのキーワードを使って補うとよいだろう。

【終わりのセンテンスも参考にする】

「文化および民族性のイメージを考えるにつけては、我々は特別に慎重であり、焦点の選び方に注意深くあらねばならないはずである。」タイトルの「落とし穴」に照応する見事な結びである。

「文化論の落とし穴」：要約例

> さまざまなタイプのレッテルが日本人と日本文化に張られ続けてきた。レッテルは、事実の一面が誇張されたもので、そのイメージが固定観念として一人歩きすることが多い。
>
> 日本の経済成長に伴い、外国人の日本人に対する文化論的レッテル張りが険しくなっている。不幸なことは、日本人の側に自分たちの文化に固定観念の枠をはめる、かたくなな態度が見える点である。
>
> 一般に、他人や自分自身にレッテルを張ると、物事がわかりやすくなり、心が安らぐという側面がある。一方で、レッテルには、多様性を払いのけて、一面だけを固定してしまう怖さがある。文化論は、単なる事実の認識に留まらず、行動の規範となり、また認識の枠組みにもなるという側面があることを忘れてはならない。
>
> 文化および民族性のイメージを考えるにつけては、慎重で注意深くあらねばならない。

要約は、引用と同様、レポート作成の際に非常に役立つものである。上記五点の要約の手順を参考に、すばやく正確に読み取り、資料集めやレポート作成の際に十分に活用してほしい。

(3)ノートをもとに講義レポートを作成する

授業後に課されることの多いミニレポートのような場合は、授業の要約と考察の二段階（記述時間が短い場合は概要を略し考察だけの場合もある）でまとめるとよい。

正式なレポートになると、時間も字数も長くなるため、概要、考察に加えて、今後の課題についての記述欄が加わり、三段階構成になることが多い。以下、この三段階の流れに沿って注意点を記してみよう。

◇こんなところに気をつけよう

①講義の概要部分は、書き手の考察や意見、感想は混ぜないで、講義内容に絞って、事実を過不足なく書く。

②考察は概要部と区別して（別枠あるいは段落を変えて）記入し、考察内容は概要部に述べたことの中から論点を絞って行うとよい。なお、考察は、「良かった」「ためになった」「興味深かった」のように印象だけを述べるのではなく、どこがどう「良かった」のか「ためになった」のか、具体例を示してからそれに理由を付け加えて述べる。自らの経験や体験と照らし合わせると考察が深まる。

③概要は全体をもれなくまとめる必要があるが、考察は自分の関心事項に論点を絞って詳しく書くと、興味深いレポートになる。

④決まった書式がある場合は、考察部の分量も、概要部同様、指定されたスペースいっぱいに書き込む。分量が不足すると減点の対象となる。二段階構成の場合は概要と考察の二段階でレポートが完成する。

⑤三段階構成で、「今後の課題」の部分がある場合は、考察部で見えてきた問題点と関連させて、展望につなぐとよい。概容や考察部で言及していない新たな事柄を「今後の課題」で持ち出すと、文章全体にまとまりがなく

なるので避けるべきである。

⑥記述、提出上の指定がある場合は必ずそれに従う。（書式・締め切り・筆記用具・綴じ方など）

三レポートを書き上げてみると

レポートを書き上げたとき、どんな気がするだろう。書くときは辛くても、できあがってみるとホッとして、大きな充実感があるのが常ではないだろうか。

レポートが書けないのは、知識がないとか、構成の方法がわからないからといったことだけではないようだ。私たちは、書きながら考えるのである。ペンを持ったときから、ことばを書き付け始めたときからようやく自分が何を書こうとしているのかが見えてくるのである。書けない、書けないというばかりでは何も始まらない。

これまでに文章を書いた経験を振り返ってみればわかることだが、できあがった文章は、あらかじめ自分が期待した内容とは違ったものになっていることが多い。自分でも思いがけない自分の考えが生み出されるのである。このように、私たちは、書きながら考え、書きながらそれまでとは違う自分と出会うのである。

はじめはほんのタネ程度であったものが、拡散的に連想を広げ、同時に統合、収束するうちに、書き手自身が思いもよらなかった方向に思考が展開していく。書き進めると、一つの文が次の文を呼び、一つの段落が次の段落へと発展してゆく。

はじめは漠然としていた考えが、ある一つの事柄や文、あるいは段落をきっかけにして、思いがけない方向に発展し、やがてそれが一直線に主題に向けてまとまりを見せる。書き手のこのような思考の深まりを示す文章は、読み手にも感動を伝えるものである。

書く回数が多ければ多いだけ、よく考え、自分を見つめることになる。書くことは、確かに苦しく辛いけれど、書くたびに新たな自分に出会えるとしたら、それは、想像以上の喜びである。そういう経験が積み重なれば、また書いてみたい、今度はまた違った、もっとよいものをと願うようになるのであろう。大学生のうちに、書くことの基本をノートやレポートの作成を通して身につけてほしい。それは、いずれ社会に出て仕事をするようになっても、そのまま通用する大切な力になるはずである。

六　世界を広げよう！

専門も興味も異なる五人の教員による、新入生のための読書案内である。食わず嫌いは、食べ物に限らない。本を読まずに嫌うのはもったいなすぎる。読書は、何ものにも代えがたい人生の楽しみである。図書館や書店に立ち寄って、まずは、どれか一冊、手に取ってみよう。

● 田中祥貴（法律学）

① フランク・パブロフ　二〇〇三年『茶色の朝』大月書店
② 憲法再生フォーラム　二〇〇四年『改憲は必要か』岩波新書
③ 長谷部恭男　二〇〇四年『平和と憲法を問い直す』ちくま新書
④ アマルティア・セン　二〇〇六年『人間の安全保障』集英社新書
⑤ 姜尚中　二〇〇六年『愛国の作法』朝日新書

この世の中で、あらゆる情報を疑ってかかる。これは人間社会で生活する以上は、我々にとって必要不可欠な姿勢と言える。なぜなら人間は、それぞれの利益に基づいて情報を発信しているからである。テレビのニュースや新聞の報道でさえ、その内容が真実であるという保証はどこにもない。その一方で、インターネットやマスメディアの発達によって、さまざまな情報が氾濫しているのが現状である。それらの情報の真偽は、我々ひとり一人が見極めざるを得ない。当然、客観的でかつ複眼的なものの見方が必要とされる。ここで紹介した本は、そんな我々に新たな視点を提供してくれるはずである。ぜひ一読して、この世の中で「常識」だとか「当然」だと言われている情報を疑ってみてもらいたい。

●中澤　武（哲学）

①プラトーン／田中美知太郎・池田美穂訳　一九六六年『ソークラテースの弁明・クリトーン・パイドーン』新潮文庫、（一九八〇年第二五刷）
②田中美知太郎　一九六八年『哲学のために』講談社、思想との対話8
③山本夏彦　一九九四年『良心的―夏彦の写真コラム―』新潮文庫
④藤原正彦　一九八一年『若き数学者のアメリカ』新潮文庫
⑤阿部謹也　一九九二年『西洋中世の愛と人格―「世間」論序説』朝日新聞社

藤原正彦というと、『祖国とは国語』（二〇〇三年）、『国家の品格』（二〇〇五年）などで国語教育の重要性や「武士道」の意義を説く保守の論客という印象が強い。だが、「本業」は、もちろん数学者である。一九四三年、満州生まれ。父は作家の新田次郎。現在、お茶の水女子大学理学部教授。最近では、映画『博士の愛した数式』の原作者小川洋子に同名の小説を書くきっかけを与えた数学者としても世間の注目を集めた。藤原は、一九七二年から一年余り、アメリカのミシガン大学に研究員として招かれ、一九七三年からはコロラド大学数学科の助教授をつとめた。このアメリカ数学武者修行の体験記が、一九七八年に出た『若き数学者のアメリカ』である。同書は日本エッセイスト・クラブ賞を受賞した。将来、海外に出て働くことを希望している若者すべてに薦められる本である。

●下野隆生（メディア学）

①高野文子　一九八二年『絶対安全剃刀』白泉社

②橋本　治　一九九五〜二〇〇七『ひらがな日本美術史』（全7巻）新潮社

③双葉十三郎　二〇〇三年『外国映画 ぼくの500本』文春新書

④本多勝一　一九八二年『日本語の作文技術』朝日文庫

⑤村上春樹　一九九七年『中国行きのスロウ・ボート』中公文庫

私は長いあいだ、本は教師に薦められて読むものではないと考えていた。「学びはする。教わりはしない」が学生時代の私の座右の銘である。なんと若かったことか。読点の打ち方に自信が持てない人に④を強くお薦めする。

●中西紀子（古典文学）

①道綱母　『蜻蛉日記《かげろうにっき》』平安時代（現代語訳は小学館古典文学全集一九九七年）

②俵　万智　一九八七年『サラダ記念日』河出書房新社

③三浦佑之　一九八九年『浦島太郎の文学史』五柳書院

④斎藤美奈子　二〇〇二年『文章読本さん江』筑摩書房

⑤大村はま　一九七九年『やさしい文章教室』共文社

①についての推薦：日本文学の最高傑作は『源氏物語』であることは、国際的な認知事項である。作者紫式部はユネスコの世界の偉人十人に、日本からただ一人選ばれていることからもわかるだろう。『蜻蛉日記』はその『源氏物語』が書かれる準備にあたって大きく役立った作品である。『蜻蛉日記』の道綱母と『源氏物語』の紫式部は、遠い縁者として家系図の上でもつながっている。

道綱の母は日記の序文で、自分の経験を文章で表現することの大切さについてはっきりと語っている。当時、人々に読まれていた作り物語は架空のことばかりで、自分は実生活をありのままに書いてみようと言う。まさに、日本文学に初めて〝写実〟がもちこまれた瞬間だ。彼女は自分の思いや体験を文章に書こうと決意し、それを実行した。日記という形で表現することによって、書かずにはいられない問題をはっきりとつかむことができた。自分の境遇に従属しながらも、日常生活のそこかしこに反論し、主張し、喜怒哀楽の思いを文章に書いていった。このような認識は表現することで彼女の精神を高みへと成長させていく。思うようにならない現実を直視すると鬱屈しがちにる精神を、架空の作り物語で紛らわせたり慰めたりしない。それを写実的、具体的に文章化することによって、自分の内面世界の成長をとげていった人である。

自覚的に思いを文字に記すことの大切さ、つまり文章表現の重要性を、道綱母から約千年後に生きる私たちの胸に響かせてくれる『蜻蛉日記』の一読をお薦めしたい。

●金子泰子（国語科教育学）

① 梅棹忠夫　一九六九年『知的生産の技術』岩波新書
② 清水幾太郎　一九五九年『論文の書き方』岩波新書
③ 木下是雄　一九八一年『理科系の作文技術』中公新書
④ 外山滋比古　一九八七年『日本語の論理』中公文庫
⑤ 西　研・森下育彦　一九九七年『「考える」ための小論文』ちくま新書

②清水幾太郎の半世紀近くも前の書物が、今も多くの人に話題として取り上げられ、新鮮さを失わないのはなぜだろう。目次を眺めるだけでその答えは容易に見つかる。

Ⅰ．短文から始めよう　Ⅱ．誰かの真似をしよう　Ⅲ．「が」を警戒しよう　Ⅳ．日本語を外国語として取

扱おう　Ⅴ．「あるがままに」書くことはやめよう　Ⅵ．裸一貫で攻めて行こう　Ⅶ．経験と抽象との間を往復しよう　Ⅷ．新しい時代に文章を生かそう

わかりやすい見出しで、ポイントが押さえられている。時代を越えて通用する文章作成のための基本スキルが詰まっている。なかでも、「Ⅲ．『が』を警戒しよう」の節は必読である。文章中、つい使ってしまいがちな「が」という接続詞が、文章にどのような悪影響を及ぼすか、「が」を使わない文章を書くにはどうすればよいか、明快に解説されている。論文・レポート初心者の高校生・大学生は言うに及ばず、社会人にも必読の一冊である。

読書のために

1．ペンを片手に、線を引いたり書き込みをしたり、付箋をつけたりして読んでみよう。

2．図書館で借りた本に書き込みは許されないが、自分で買った本やコピーを撮ったものなら自在に手を入れられ、思索の跡がたどれる自分だけの本になる。

3．引用に便利だと思う部分には、付箋を付けて分かりやすく見出しをつけておく。その時にすぐにしておかないと、後で探すのは至難の業である。

4．本のことばをもとに考えをめぐらせ、疑問や質問、自分の考えをその都度書き込んでおこう。それは、レポートやスピーチのタネとして、いずれ役立てることができる。

5．資料集めの読書は、上記のように体を使ってすると効率的である。レポートやスピーチなどで自分の意見を発表することを前提に読むと、複合的思考が促進され、いっそう理解が深まる。

第五章　お話を作って

一　お話作りのたのしみ

幼児や児童はお話を聞くのが大好きである。お話をはじめるとどの子も目を輝かせて聞きいってくる。将来の父親母親予備軍を予想する人々ばかりでなく、保育・教育・看護・福祉の専門職をめざそうとする人々にとって、幼い子供たちに接するときにふと生じた空白の時間に、臨機にお話を創作できるようにしておけば、各自の専門性の豊かな幅として機能することだろう。

お話を作る能力は、いつどんなところでも発揮できる。むずかる病児や学校（園）嫌いの傾向をみせる年少児童に対して、即興のお話は心を癒す。作りたてのお話がたとえ未熟であっても、本やテレビにはないぬくもりが期待されるはずである。それはむかし炉端で老人たちが、虚実とりまぜ語ってきた伝統的な語りのぬくもりにもつながるものではないだろうか。

ここで学習するのは専門知識だけではない。豊かな人間性にその職業的適性の多くを依存する職種においてはとくに、ぜひ想像力をのびのびと駆使してたのしいお話作りを身につけてほしい。想像する力はさまざまな表現をうみだしていく、文章を書く勢いにつながり、内容の豊かさに影響していくのは十分に予想されることである。

もちろん、既成の童話を覚え、語って聞かせることは大切であるし、本やメディアを手にした名作の朗読はたのしい。だがそれに加えて、素手でお話ができるとどんなにたのしいことか。即興的に状況に応じて、創作のお話ができるようにしてみよう。

即興となれば、いつどこにでも転がっている絵、イラスト、または落書きの言葉、子供が口にした言葉などをきっかけとする創作力の鍛練が必要である。柔軟な発想で、のびのびと想像の翼をひろげて考え出す訓練をしよう。

〔**練習**〕 身近にある新聞を材料にして、無作為に言葉を三つ取り出してみた。たまたま人指し指の位置にあった言葉だ。社会面から「外出」、家庭欄から「草むしり」、広告欄から「エーッと」を選んだ。この三つの無関係な言葉を飛び石としたお話を作ってみよう。

◇手引き

「外出」「草むしり」「エーッと」の三つを必ずお話の中で使うことが条件である。急にお話を作るのが難しければ、はじめは隣の席の友達と相談してひとつの作品を作ってみてもよいだろう。

まずこのばあいは、使用する言葉のわくが決められているので、それに合わせて想像することになる。「外出」とあるので、家庭または生活の場を頭に浮かべることだろう。「草むしり」からは戸外の仕事であるから一日の昼間の時間帯をどこかで設定する。また草むしりをする人が外出する人と同一人にするかどうかを決める。そして「エーッと」は会話の一部分であるから、どんな対人状況を想像すれば、お話の筋としてつながるだろうかと考えてみる。

多分このような想像をめぐらすのは、実際には短時間のうちだろう。既に自分に蓄積されている昔話や童話、ホームドラマなどの場面が、さっと思い浮かんでくるはずだ。あれこれをパッチワークして、主人公を決め、事件を持ってくるとなんとなく自分の内にお話が組み立てられてくるだろう。これが構想であり、構想のよしあしはお話の面白さを決定する。ここまでですでにお話作りの作業の半分はすすんでいるといえるのである。

（作品例１）みっちゃんは今日、ママと外出です。

「わーい、ママどこにつれてってくれるの？」

みっちゃんは大喜び。しかし……。

「リーンリーン」電話がかかってきました。

「はい、はい、お待ちしております」とママ。

「みっちゃん、今日お客様が来ることになっちゃって…ごめんね」

みっちゃんはがっかりして、お部屋にとじこもってしまいました。

しばらくしてママがやって来ました。

「エーッと、みっちゃん今日はごめんね、そのかわり夕ごはんはみっちゃんの好きなエビグラタンよ」

「えっほんとママ、それじゃわたし何かお手伝いするわ。」

「そーねぇーそれじゃ、草むしりでもお願いしようかな」

「うん」と、みっちゃんは夕ごはんまで草むしりをしたのでした。

（作品例２）ある日曜日、私はお母さんと買い物へ、お父さんはゴルフへとそれぞれ外出しました。おじいちゃんおばあちゃんは留守番です。天気がよいので、おばあちゃんは庭で草むしりをしていました。夕方になり私とお母さんお父さんはそれぞれ帰宅しました。ところがおじいちゃんは、おばあちゃんの知らないうちに、一人で外出してしまったらしく、夕飯どきになっても帰ってきません。みんなで心配していると、近所の家の人がおじいちゃんを連れて来てくれました。話によると、となり駅まで歩いて行き、道にまよっていたようです。おまわりさんから何を聞かれても「エーッと、さーわからない。ここはどこですか」をくり返していたそうです。

ほっとして、みんなそろっておそい夕飯を食べました。

二　お話作りの自由と拘束

お話のテーマが自分の内にしっかりとある場合は、それを自由に書いていけばよい。しかし宿題にするならともかく、時間的な制約のある教室での創作実践の場合は、何らかのヒントが与えられることで、すぐに書き出さなければならない。

何でもよいという拘束のない自由は放任と同じであり、創作意識をいつも持っている文筆志望のグループであっても、ふつうは講義時間中という時間制限と、形（先の練習の場合は、発想のきっかけにするための、三つの言葉を使うという条件づけ）の拘束のある方が書いていくはずみがつくようである。

条件づけをクリアーすれば、あとはどんなことを想像しても自由であると思えば、百%の自由ではないことがかえって拘束に集中する意欲を生み、それが、テコとして働き、自由な領域への想像を何倍にもふくらませていくように思われるのである。

しかし、原則としては拘束のないことが自然である。最終的には、自発的な創作活動への興味から、自由に発想し自由に創作の筆を伸ばしていく段階にすすむことがのぞましいのは当然である。

〔練習2〕　三つの絵と言葉をかかわらせたお話を作ろう。60字程度の自作紹介文も。

（ア）

（イ）

（ウ）

例　「オホホホホホ……」　「はやく手伝えよ」　「いきづまり」

右の絵は、少女雑誌、料理冊子の表紙、パンフレットにあった絵を、無作為に選んで並べたものである。それぞれの絵について各自が口をついて出た言葉を一つだけ記しておく。

例えば、「オホホホホホ……」「はやく手伝えよ」「いきづまり」というような言葉でもいいだろう。三つの絵すべてが話のどこかでさし絵としてかかわり、三つの言葉が文章のどこかでかならず使用されることを条件に、お話を創作してみよう。

原稿用紙には、まず表題をつけて、自作紹介のアピール文を60字程度で書いておいてから、お話本文にとりかかるようにする。

第一章でこころみた絵によるお話作りの規模を、もう一段拡大してみたものである。一つの絵では筋の展開が安易に流れるので、できるだけ無関係なもう一つか二つを加えて筋をひねりだすようにすると、単純な思いつきだけでは筋が保てないため、工夫した筋の展開をしなければならず、面白さも倍増して楽しいお話ができあがるのである。


(作品例)

表題…『穴におちたら……』

自作紹介…みなさんは穴に落ちたことありますか？　普通は痛いんだけど私の場合は……。さあ、あなたも不思議の世界に入りませんか。

本文…
Ａ　太陽の沈みかけた夕暮れ、少女がトボトボと、通いなれた通学路を歩いていた。「私の人生ってなんなのかしら。ハァー」と、少女は大きなため息をつく。この少女、名前は江上マリコといい、まだ16歳。入学したての高校生である。深刻な顔つきをし、いかにも人生にいきづまりを感じていますというような様子だが、少し過去をたぐってみるとなんのことはない。
　学校で、テストが返ってきて、あまりの点数の悪さに目の前がまっくらになり、その拍子にふで箱を落として、姉に借りていたシャーペンをこわしてしまった。ついでに、体育の時にはずしておいていたお気に入りの時計も失くしてしまったというたて続きの不幸に、家に帰りたくないというだけの事なのである。

B　「だいたいさぁ、なんで私だけこんなめにあうわけよ。」

そういって小石をけったとたん、「ハァー」というため息と同時に、この少女、道から姿を消した。そこには、どこからあらわれたのか、穴がポッカリあいていて、少女がはまったとたん、あわてたようにソクサと穴の口をとじ、とうとう何もなくなってしまった。後にはカラスがカァーと鳴いているだけだった。

C　チチチチ………、という小鳥の鳴き声、何ともいえない緑のにおいに、少女は目をさました。この少女マリコは、木のもとから体をおこし、あたりを見まわした。………（中略）………………

マリコが歩いていった家、行って見るとドアが開いていて、のぞいて見ると丸顔の少年がいそがしそうに食事のしたくをしていて、その横にねことうさぎがいる。男の子は「早く手伝えよ」と、そのねことうさぎにどなっているところだった。マリコはいいにおいの食事に、ぐーと腹がなり、たまらず声をかけた。男の子は　………（中略）………………

「何これ、おもしろそう。」そこには、一枚の絵があり、タイトルは『貴族の女性の声』とあった。そして、「下のボタンを押してください」とある。マリコは、すかさず、そのボタンを押した。すると突然「オホホホホホ……」という、けたたましい笑い声が鳴った。

「何なのよ、これは。どうせ笑うならもっと上品に笑ってよ。」とマリコ。絵に向かっても文句を言って、次の絵へとうつっていった。どうも、一言いわないと気がすまないらしい。

次の絵にうつると、その絵がまた変わっていて、タイトルは『穴』だった。その解説書きには「この生物は、いたずらもので、外界などのひずみに出没して、人などを異世界に落としたりする」と書かれてあった。マリコはおもわず「人などを異世界に落とす?」と反復して読み、ようやく、今の自分の状態になっとくした。しかし、なっとくできても、この状態は変わらないのである。親切にも、その解説にはまだ続きがあった。「この生物を、影ふみゲームのように、足でふむと元の世界にもどれる」とあった。

マリコはその解説書を読み終わると、素敵に笑って「要は、その穴を見つけて、足でふめばいいわけだ。」と、にぎりこぶしを作って深くうなずいていた。その時、マリコの後ろで、カサコソと音がする。何だろうとふりかえると、なんと、そこにその穴がいた。穴をつかまえようとすると、その穴はマリコの迫力にこわくなったのか、ひたすら逃げだした。

そこから、穴とマリコの追いかけっこが始まった。

………（中略）………

「さあ、もうにげられないわよ。いいかげん私を元の世界にもどさないと……」と、あわやマリコがその穴をふんづけようとした瞬間、マリコの姿が消えた。あとにはあいかわらずのポカポカ陽気が広がっているだけだった。

D　マリコは、再び目をさました。そこには、あの見おぼえのある夕焼けと、いつもの帰り道があった。

「あ〜あ、ほんとに疲れた一日だった。」と、大きくのびをしながらつぶやいた。そのとたん、家に帰りたくなかった理由を思い出した。

「あ〜、イヤになっちゃう。やっぱりあちらの世界がいいよ。穴〜もどってきて………。」と、マリコは叫んでいた。声はむなしく、夕焼けとともにきえていった。やはり最後まで、タフなマリコであった。

〔おわり〕

この作品を書いていく過程を追跡してみると、絵㋒の女の子を主人公としてお話を考える。そして、絵㋐と絵㋑を異世界でのできごととして配置して、主人公を行動させる。というように、頭の中で大まかにお話のあらすじをつくる。

お話の語りはじめ、序の部分Aでは、状況設定がなされている。夕暮れの通学路をひとりの少女がとぼとぼと歩いている場面状況が描写される。お話の発端部Bでは、少女が小石を蹴とばしたことをきっかけとして事件が勃発することが書かれる。つぎはいよいよ、穴に落とされた少女がさまざまなできごとに遭遇し、お話のクライマックスへ。この展開部Cは、お話の面白さの中心部分であり、もっとも多くのスペースを取って語られていくのである。お話の結末部Dは、基底となるAの状況設定に呼応させ、夕暮れの通学路にもどる。展開部Cの面白さを鮮明に印象づけながら、主人公の異世界訪問というお話を締めくくっている。

三つの言葉についていえば、「いきづまり」は、主人公を単に悩む少女と表現するのでなく、難題に負けないタフな健康少女と性格づけするために、巧みに使用している。「はやく手伝えよ」「オホホホホ……」は、それぞれの場面を描写するときに、ごく自然に使われているといえる。

この練習では、主人公を少女にするお話がもっとも多く作られる。が、ほかにも、主人公を少年にも、ねこやうさぎにも、十二単衣の姫にもすることもでき、それぞれを重ねあわせた変身の姿とすることもできる。さまざまな設定と展開のお話が作りだされることが予想される。

三　お話作りの基本

これまで読んだお話を思い出して、あんな風な冒険ものを作ってみたいと考えたり、あれよりもっと面白くしてみようと考えたり、過去のお話体験の反芻は、お話作りに有効に作用する。お話にはどんな型があるのか、思い出してみよう。

・昔話や伝説のような民話風のお話
・なぞ解きの興味による推理や探偵のお話
・ある人物の変化にとんだ生き方のお話
・空想科学的な未来世界の冒険のお話
・日常生活を材料にしたホームドラマ風のお話
・ファンタジックな非現実世界のお話

いろいろな名作童話や少年少女小説また恋愛小説などを読者として楽しんだ経験の中から、自分でも作ってみたいと意欲のわいてくるようなお話の種類は、個々人の心の内に無意識のうちに選択されていることが多い。

お話を作るためには、あらすじが必要である。お話全体の骨格となるものである。大まかにお話作りのプロセスを示すと、つぎのようになる。

〈序〉

まず押さえておかなければならない要素は、時・場所・人物の設定である。口に慣れている「むかしむかし（時）、あるところに（所）、おじいさんとおばあさんがすんでいました（人物）」はみごとにお話の要素を完備した語り出しの見本と言える。

時代・季節・月日・時刻など……………………時
国・地域・場所・異次元の世界…………………所
主人公・とりまく人たち・脇役…………………人物

〈発端部〉

つぎには、その設定された日常的な安定状況とは相反する異常なできごとを発生させる。例えば善なる人々の中に悪人の乱入、愛しあう二人に死の恐怖などである。ある静的な状況が語られていて、そこに矛盾する存在が投げ入れられることで波紋がひろがるという、事件の発端となる重要なポイントである。

〈展開部〉

この発端部にすばやく接続していくのが、作品の面白さを決定づける展開部である。ここではプロット作りに慎重な配慮をしたい。プロットとはできごとをどのような順序にならべるとか、どのように組み立てるかといった工夫である。往々、プロットが話のおもしろさの成否をわける場合がすくなくない。

あっと驚く意外性をもたせた筋の展開が求められ、最高潮の劇的展開が一気に語られていく。「それからどうなった?」「なぜ?」「どうして?」というような疑問や興味を先取りし、またときには意図的に無視して、クライマックスへと追い込んでいく。展開部にはこうした読者の心を誘い込むような停滞のないテンポが効果的である。

安定に矛盾する存在を投入し、二つの力の拮抗状況をつくる
事件・変化・難題・冒険・夢などのできごとを勃発させる

読み手の心をひきつけたまま、追いこむようなテンポで進行する
驚き・意外性・不安・喜びなどクライマックスにむかう展開とする

〈結末部〉

お話の劇的な展開を締めくくるのは結びの役割だが、発端部と正しく呼応させることを厳密に守らねばならない。お話のたのしさやおもしろさを、作り手は読み手とともに充分に浸りながら収束するのがよい。おはなしの進行とともに盛りあがった場面の展開が、読み手の心にいつまでも鮮明に刻まれるようにしたい。うけとめた喜びや美しさや驚きは余韻として楽しめるものでなければならない。

また、お話は幼児や児童を対象にするため、いくぶんかは人の真実や善美への教育性を備えるものであるが、あからさまな教訓で結ぶことは避けたい。

発端との正確な呼応で結ぶ
余韻をたのしめるような結びかた
あからさまな教訓譚としない

自分の思いつきの中味を、これら〈序〉〈発端部〉〈展開部〉〈結末部〉として、メモ風に書きとめておけば準備完了である。もちろん詳しい構想メモとして、場面ごとにその情景、登場する人物の行動・心理・会話などを部分的な描写として用意するならば、お話づくりはすでに滑りだしているのである。

おわりに　学習の総復習

㈠　総括的評価作文「大学での文章表現学習を振り返る」を書こう

このテキストの始めに、文章表現に対する事前意識調査をし、「大学入学までの作文学習を振り返る」と題した診断的評価作文を書いたことを覚えているだろうか。あれから、さまざまな練習をしてきた。さて、あなたの文章表現力はどの程度向上しただろう。

そのことの検証のために、これまでの学習のまとめとなる作文を書いてみよう。タイトルは「大学での文章表現学習を振り返る」とする。構成は、ステップ学習で練習を積んだ五段落の基本構成モデルを活用しよう。自宅学習のため、時間制限はないが、あまり長く時間をかけ過ぎずに仕上げよう。

◇こう書いてみれば

これまで教室でした練習とは異なり、一人で題材を探し、一人で発想を広げることになる。練習したように、アウトラインを作成してから、千字程度で書き上げよう。十分に力がついているのだから、自信を持って取り組むとよい。

構成モデルの中の二段落は、中①で第一章や二章の短作文練習を振り返り、中②で第四章や五章のやや長い文章をまとめる学習を振り返るという方法も考えられる。最初の時間に書いた「大学入学までの作文学習を振り返る」と題した文章を読み返して、大学における学習との比較材料とすることもできよう。事前意識調査も振り返りながら、何が身に付いたか、作文を書きながらこれまでの学習を振り返ってみてほしい。できあがった作文が、学習の成果を示すとともに、今後の指針ともなる。

表現スキルを観点とし、十分に推敲してから、納得のいく文章に仕上げて提出しよう。

(二) **事後意識調査アンケート**

授業の最後に事後意識調査をやってみよう。文章を書くことに対するあなたの意識は、どのように変化しただろうか。

文章表現に関する事後意識調査アンケート

学籍番号（　　　　　　）氏名（　　　　　　）

1. 大学の授業で書く力がついたと思いますか。次から選んで○をつけてください。

①力がついた　②少しついた　③あまりつかなかった　④全然つかなかった

2. 練習を始める前と今で、文章を書くことに対する意識は変わりましたか。次から一つ選んで○をつけてください。

①好きになった　②すこし好きになった　③あまり変わらない　④嫌いになった

3. どのような点で変わったか、次から選んで○をつけてください。いくつでもかまいません。選択肢以外にある人は、その他（　　　）に内容を書いてください。

①題をつける　②首尾の照応を考える　③書き結びに気をつける　④ことばを的確に選ぶ　⑤事実と意見を分ける
⑥事実を具体的に書く　⑦文の長さを考える　⑧文字・表記に気を配る　⑨読み手の立場になる
⑩自分の言葉づかいをする　⑪構成を考える　⑫さまざまに発想を広げる
⑬その他（　　　　　　）

4. 練習した課題の中で手応え（達成感）のあったのはどれですか。当てはまるものに○をつけてください。いくつでもかまいません。

①もう一人の自分になる　②絵から言葉へ　③既存の知識を言葉のみで説明する
④季節とともに思い出されること　⑤方言や若者言葉で感覚を表現する　⑥季節への賛歌　⑦感情の表しかた
⑧自己紹介文　⑨勧誘・推薦文　⑩エピソード（出来事・物語）　⑪風景描写　⑫人物描写
⑬私の大好物　⑭レシピ　⑮グラフの説明　⑯二段落作文　⑰タイトルをつける
⑱主題文を書く　⑲アウトラインを書く　⑳五段落構成の長い文章を仕上げる
㉑グループ批評会　㉒その他（　　　　　　　　　　　　）

5. どの練習が一番力がついたと感じましたか。
①もう一人の自分になる　②絵から言葉へ　③既存の知識を言葉のみで説明する
④季節とともに思い出されること　⑤方言や若者言葉で感覚を表現する　⑥季節への賛歌　⑦感情の表しかた
⑧自己紹介文　⑨勧誘・推薦文　⑩エピソード（出来事・物語）　⑪風景描写　⑫人物描写
⑬私の大好物　⑭レシピ　⑮グラフの説明　⑯二段落作文　⑰タイトルをつける
⑱主題文を書く　⑲アウトラインを書く　⑳五段落構成の長い文章を仕上げる
㉑グループ批評会　㉒その他（　　　　　　　　　　　　）

6. 今後、どのように作文の力を伸ばしていきたいですか。当てはまるものに○をつけてください。いくつでもかまいません。
選択肢以外にある人は、その他（　　　　　）に内容を書いてください。
①もう半年受講したい　②もう一年受講したい　③もっと本を読む　④自分で書く機会を多くする
⑤いつでも指導してくれる場所があるといい　⑥人に読んでもらう
⑦レポートを書く時に、学んだ表現スキルを活用する　⑧その他（　　　　　　　　　）

以上

話すこと、聞くこと、そして読むことは、それぞれに意義深いが、書くことは、それらも統合して、より深く考える機会を私たちに与えてくれる。書く時間は、立ち止まって自らを見つめ直し、新たな自分を創造するための時間となる。生涯にわたってよく考える生活を送るためにも、書くことを生活の中にきちんと位置づけてほしいと願っている。

〔参考資料1〕

原稿用紙の使い方――正しい書き方を覚えておこう――

・ふつうは、縦書き用の四百字詰めの原稿用紙を使うが、二百字詰めのものや横書き用のものもある。入学や入社試験の際には、字詰めの違うものに書かされることもあるが、書き方に大きな変わりはない。

・横書き用のものを使う場合は、数字は、原則として算用数字を用いることになるが、熟語のようなものは、もちろん漢数字を用いる。句読点はコンマ（，）とピリオド（．）を用いるが、（、）と（。）でも差し支えない。アルファベットや算用数字の混ざる文章の作成には、横書きの原稿用紙が便利である。

・原稿はていねいに清書して、清書後の加筆、削除はできるだけしないことが望ましい。しかし、どうしても必要なものはやむを得ない。

・上手な字よりもていねいな字を心がけよう。そして、濃く、大きく、分かりやすく書こう。

・筆記具は、特に指示のある場合は別として、ふつうは万年筆、ボールペン、鉛筆のどれを用いてもよい。ただし、色は黒（鉛筆以外は青も可）を原則とする。

・論文、レポートなどの作成の際には、参考文献名を明記しなければならない。著者名、書名（単行本の書名には、二重かぎをつけ、論文名などは、一重かぎでよい）、出版社名、刊行年。

○具体例

No. 1

原稿用紙の使い方について

―具体例を入れて―

F08111　藤井　敏子

原稿用紙に文章を書くときには、文字や符号を一つずつマスに入れて書きます。だから句読点でもかっこでも一字分取って書きます。ただし、句読点が行頭に来るときは、前の行の一番下のマス内か欄外に書いて、行の最初にはもっていかないようにします。

段落は行を変えて書き、始めは一字分下げて書き始めます。

会話を引用するときには、行を改めて、

「あす、映画を見に行きませんか。切符が二枚あるんですけれど……」

「まあ、うれしい！　おともしますわ」

のように、「」で包んで書きます。

また、例文や他人の文章を引用するときは、

人はなぜ追憶を語るのだろうか。

20字×20行　株式会社 朝倉書店

⑨　⑫　⑤　⑩

① 表題は、二行目の上から二、三字下げて書く。

② 副題（サブタイトル）がつく場合は、表題（メインタイトル）の下または次の行にダッシュ（—）を上下につけて示す。

③ 署名は、その次の行の下から二、三字上げて書く。なお、学年・組、番号なども書かなければならない場合は、姓名の上に書く。

④ 本文は、署名の次の行を一行あけて、一字あけて書き始める。

⑤ 句読点や、かぎかっこの後の部分（」）などがその行におさまらない場合には、次の行に書かないでそのまま下に書く。

⑥ 段落は必ず改行し、最初は一字下げて書き始める。

⑦ 句点（。）や読点（、）、かぎかっこ「　」、しょうかっこ（　）のような符号も、おのおの一字分とる。句読点や符号は、言葉そのものと同じか、時にはそれ以上の働きをする。慎重に、効果的に使おう。

⑧ 会話部分の終わりの。と」、文末の。と）とは一つのマスに入れる。

⑨ 挿入区の前後につけるダッシュ（—）のような場合、まだ言いたいところをことばでなく点線（・・・）として示す場合、二字分の長さで書く。疑問符（？）、感嘆符（！）も、一字分取るが、疑問符、感嘆符の次は、一字分あけるようにする。

⑩ 会話も一種の引用であるが、会話部分はふつう、

⑮ 原稿が二枚以上になる場合は、通し番号を指定箇所につける。その場合、一枚に一つずつつければよく、折った原稿用紙の両面につける必要はない。

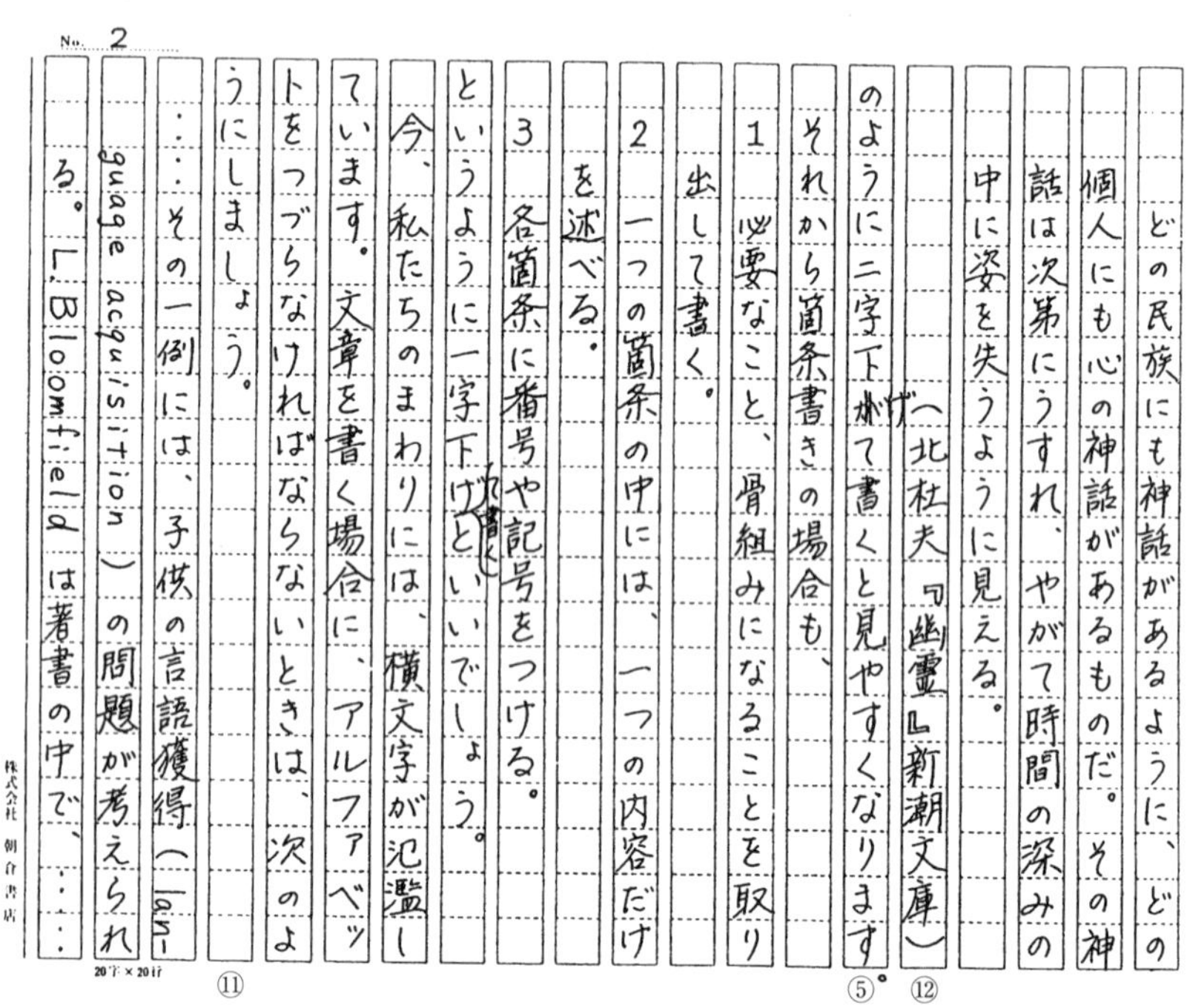

　どの民族にも神話があるように、どの
個人にも心の神話があるものだ。その神
話は次第にうすれ、やがて時間の深みの
中に姿を失うように見える。
　　（北杜夫『幽霊』新潮文庫）
のように二字下げて書くと見やすくなります。
それから箇条書きの場合も、
　1　必要なこと、骨組みになることを取り
　出して書く。
　2　一つの箇条の中には、一つの内容だけ
　を述べる。
　3　各箇条に番号や記号をつける。
というように一字下げて書くといいでしょう。
今、私たちのまわりには、横文字が氾濫し
ています。文章を書く場合に、アルファベッ
トをつづらなければならないときは、次のよ
うにしましょう。
……その一例には、子供の言語獲得（lan-
guage acquisition）の問題が考えられ
る。L. Bloomfield は著書の中で、……

改行して行の一番上から「で始める。会話の終わりは。」としてもよいが、句点をつけず」だけでもよい。最近の小説の多くは」だけである。

⑪ 不要な語句は二重線で消して、その右に正しい語句を書く。挿入の際は、挿入のしるしをつけて書き加える。

⑫ 引用は、それが引用部分であることをはっきりさせなければならない。短い引用の場合は、「」でくくって本文の中に書いてもよいが、長文の引用はそれだけを独立させた方が見やすい。そのためには行頭を二字分ぐらい下げて書くとよい。出典も明記する。

⑬ 箇条書きは、必要なことがらを番号や記号を使ってわかりやすく分けて書き出す方法である。一字下げて書くと読みやすい。

⑭ アルファベットはそのつづりの前後は、一マスの半分ずつあける。そして、活字体で、大文字は一マス、小文字は二字で一マス使って書く。つづりが途中で行末にきてしまった場合は、切ることが可能な箇所（ふつうは音節の区切りで切ることが多い）にハイフォンを入れて、行かえをする。

　横書きの際の算用数字はアルファベットの小文字と同じ要領で、一マスに二字を入れる。

〔参考資料2〕

参考文献や引用文献を示す場合の注意

口頭のものは「知的財産」の所有権が定まっていないが、活字になった考えやデータは著者に所有権がある。自分の文章に取り込む場合は、出典をはっきりとさせた上で使うことが礼儀にかなった方法である。「他人の考えやデータ」と「自分の考えやデータ」を明瞭に区別して書くことが「科学的な文章」の基本的姿勢である。そのまま書き写して、あたかも自分の考えであるかのようにして作り上げた文章は、何の価値もないばかりか、犯罪でもある。

〈注で示す場合〉

(1)注と参考文献表の両方に記す場合と、

(2)字数が限られていてスペースがない場合は、注だけにする形式とがある。

〈本文で示す場合〉

(3)本文で、引用したすぐ後に（　）でくくって、著者名と発行年と引用ページを示す。そして、本文の後の参考文献表に、出典に関するフル情報を記す。

参考文献の示し方

・著者名の名字で五十音順に並べる。著者名がないときは、組織名、編者名、本・記事の題名の最初の文字で並べる。

・各文献の二行目以降は著者がよくわかるように一字下げる。

・番号や記号を振らない。

具体例

○本

井上尚美（一九九八）『思考力育成への方略』明治図書

井上尚美『思考力育成への方略』明治図書、一九九八年

小川洋子（二〇〇七）『物語の役割』ちくまプリマー新書

小川洋子『物語の役割』ちくまプリマー新書、二〇〇七年

＊右のように出版年の記述の方法は二通り、あるいはその他の方法もあるので、各自の専門分野の決まりに合わせてどれかに統一するとよい。

中西一弘・堀井謙一編（一九九五）『やさしい文章表現法』朝倉書店

S・I・ハヤカワ（大久保忠利訳）（一九七四）『思考と行動における言語（原書第三版）』岩波現代叢書

○学術論文

三宮真知子（一九九六）「思考におけるメタ認知と注意」『認知心理学4思考』東京大学出版会、一五七—一八〇頁

河野順子（二〇〇二）「説明的文章の学習指導改善への提案—「メタ認知の内面化モデル」を通して—」『国語科教育』第51集、六六—七三頁

杉本明子（一九九一）「意見文産出における内省を促す課題状況と説得スキーマ」『教育心理学研究』第39巻第2号、一五三—一六二頁

○一般雑誌記事

内田伸子（一九九三）「読み、書き、話す過程で生ずるモニタリング」『現代のエスプリ』No.314、至文堂、一九

九三年九月号、pp.65-78

○新聞記事

「広がる本屋のポイント制」『朝日新聞』、朝刊、12版、文化36面、二〇〇七年八月三〇日

○ホームページ

「女性の労働力人口比率」『総務省統計局　労働力調査 長期時系列データ』
http://www.stat.go.jp/howto/case1/02.htm　二〇〇七年四月十日閲覧

＊活字になったものよりも信頼度は低い。あまり乱用せず、参考に留めるのがよい。日々更新される可能性があるので、閲覧日を明記すること。

○外国語の文献

Hays, J. R., & Flower, L. S. 1980 Identifying the organization of writing processes. In L. W. Gregg, & E. R. Steinberg（Eds.）, *Cognitive Processes in Writing.* Hillsdale : Lawrence Erlbaum Associates, pp.3-30

＊書名が斜体になっている。

引用文献の示し方

・一字一句（句読点を含めて）正確に書き写す。（引用符の中では、「」は『』に変わる。漢数字を数字にしたり、またその逆を、断りなしに変更したりすることがある。）

・三行以下の文章は本文中に「　」で引用する。三行以上は、本文と区別して、二マス下げて、まとめて引用する。図表も同様の扱いとする。

・出典と引用ページを明らかにする。読者がその文献を手に取って確認することができるように正確に情報を知らせる。注または参考文献表にフル情報を載せ、引用部には著者名と発行年、ページ数だけを記す。

三行以下の引用の場合

河野（二〇〇二）[1]は、「メタ認知の概念は、学習者の自覚のもとに、自らが読みを統制、制御していくことが期待されるのであり、自立した説明的文章の読み手を育てることにつながると考えられる」（p．67）と記している。

＊「　」で括って原文通り本文中に挿入する。著者のフル情報は注に回す。本頁左端の例のように脚注（横書きで多用される）も可能である。

三行以上の引用の場合

浜本純逸（二〇〇一）は、「自己学習力・自己教育力」について次のように説明している。

一九七〇年代に、「社会の変化に自ら対応できる心豊かな人間」になるには「生涯学習」が必要であると提唱された。

一九八〇年二月に、波多野誼余夫らは、『自己学習能力を育てる』を著して、「既製の知識を身につけさせることではなく、自らが学んでいく力、あるいは自ら必要とする知識を創り上げていく力の形成に重点をおいて学校教育を進めるべきではないか」と提唱した。

＊　本文より二マス下げて、ブロック状のかたまりとして引用部が明確になるようにする。

注[1]　河野順子（二〇〇二）「説明的文章の学習指導改善への提案――「メタ認知の内面化モデル」を通して――」『国語科教育』第51集、pp.66-73

引用文献のフル情報は、注または参考文献に記す。

参考文献

浜本純逸（二〇〇一）「自己学習力・自己教育力」大槻和夫編集（二〇〇一）『国語科重要用語３００の基礎知識』明治図書、p.58

批評欄

◎・・・・・・

組

番

氏名

課題

タイトル

←ここから

参考資料3　二百字作文実習用紙原型

〔参考資料4〕作文添削記号

（赤ペンの意味）

一　××××　誤字・脱字、または漢字で書きましょう。

二　〰〰〰（波線）　わかりにくい、もう一度考えて。

三　○○○○　わかりやすい、あるいは魅力的な表現です。

四　◎◎◎◎　◎は○よりもっとよい。❁もある。

五　＝＝＝（二重線）　取ってしまったほうがよい。トル。

六　（　　）　間違いではないが、無くてもよい、省いた方がよい。

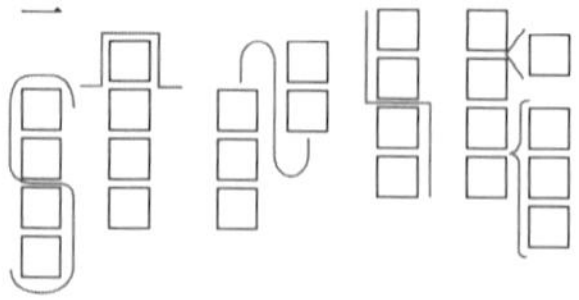

七　字句などを書き加える。

八　改行する。

九　文を続ける。

十　文字を下げる。

十一　順序を入れ替える。

＊原稿用紙の上で文章を推敲するときは、七番から十一番のような校正記号を活用するとよい。

参考文献

文章を書く際に手許に置くと便利なもの、参考になるものを、現在入手できるものを中心にあげた。

・荒川洋治　二〇〇二年『日記をつける』岩波アクティブ新書
・石黒　圭　二〇〇四年『よくわかる文章表現の技術Ⅰ表現・表記編』明治書院
・石黒　圭　二〇〇四年『よくわかる文章表現の技術Ⅱ文章構成編』明治書院
・石黒　圭　二〇〇五年『よくわかる文章表現の技術Ⅲ文法編』明治書院
・石黒　圭　二〇〇六年『よくわかる文章表現の技術Ⅳ発想編』明治書院
・石原千秋　二〇〇六年『大学生の論文執筆法』ちくま新書
・板坂　元　一九七三年『考える技術・書く技術』講談社現代新書
・市川伸一　一九九五年『学習と教育の心理学』岩波書店
・市川　孝　二〇〇一年『新訂　文章表現法』明治書院
・井上ひさし　一九八七年『自家製　文章読本』新潮文庫
・梅棹忠夫　一九六九年『知的生産の技術』岩波新書
・梅田卓夫　二〇〇一年『文章表現四〇〇字からのレッスン』ちくま学芸文庫
・梅田卓夫他編　一九八六年『高校生のための文章読本』筑摩書房
・S・I・ハヤカワ／大久保忠利訳　一九七四年『思考と行動における言語　原書第三版』岩波現代叢書
・枝川公一　二〇〇二年『e文章入門』朝日出版社
・扇谷正造　一九六五年『現代文の書き方』講談社現代新書
・扇谷正造　一九八〇年『ビジネス文章論』講談社現代新書
・大村はま　一九六八年『やさしい文章教室』共文社
・大村はま　一九八三年『大村はま国語教室』筑摩書房
・小笠原善康　二〇〇二年『大学生のためのレポート・論文術』講談社現代新書
・小笠原善康　二〇〇三年『インターネット完全活用編大学生のためのレポート・論文術』講談社現代新書
・尾川正二　一九七六年『原稿の書き方』講談社現代新書
・尾川正二　一九八九年『文章のかたちとこころ』筑摩書房

・小川洋子　二〇〇七年『物語の役割』ちくまプリマー新書
・海保博之　二〇〇二年『くたばれ、マニュアル』新曜社
・加藤秀俊　一九七〇年『自己表現』中公新書
・加藤秀俊　一九七五年『取材学』中公新書
・樺島忠夫　一九八〇年『文章構成法』講談社現代新書
・樺島忠夫　一九八七年『文章表現事典』東京書籍館
・樺島忠夫編　一九八七年『文章表現事典ビジネスレター　データベース』東京書芸館
・樺島忠夫・佐竹秀雄　一九七八年『新文章工学』三省堂選書
・樺島忠夫・中西一弘　一九七九年『作文指導事典』東京堂出版
・川喜多二郎　一九六七年『発想法』中公新書
・木下是雄　一九八一年『理科系の作文技術』中公新書
・木下是雄　一九九〇年『レポートの組み立て方』筑摩書房
・佐々木健一　二〇〇一年『タイトルの魔力』中公新書
・佐佐木幸綱　一九八〇年『手紙歳時記』ＴＢＳブリタニカ
・澤田昭夫　一九七七年『論文の書き方』講談社学術文庫
・澤田昭夫　一九八三年『論文のレトリック』講談社学術文庫
・三森ゆりか　一九九六年『「描写文」の訓練で力をつける』明治図書
・清水幾太郎　一九五九年『論文の書き方』岩波新書
・高階秀爾　一九六九年『名画を見る眼』岩波新書
・高階秀爾　一九七一年『続名画を見る眼』岩波新書
・辰濃和男　一九九四年『文章の書き方』岩波新書
・谷崎潤一郎　一九七五年『文章読本』中公文庫
・中井浩一　二〇〇六年『脱マニュアル小論文』大修館書店
・中西一弘編　一九九六年『基礎文章表現法』朝倉書店
・中村　明　一九九一年『文章をみがく』日本放送出版協会
・中村　明編　一九九九年『日本語表現』明治書院

・西　研／森下育彦　一九九七年『［考える］ための小論文』ちくま新書
・野元菊雄　一九八七年『敬語を使いこなす』講談社現代新書
・野地潤家　一九七五年『作文指導論』共文社
・野矢茂樹　二〇〇一年『論理トレーニング１０１題』産業図書
・林　四郎編　一九八四年『文章表現必携』別冊国文学21号、学燈社
・樋口裕一　二〇〇三年『ホンモノの思考力』集英社新書
・平井昌夫編　一九七六年『文章上達法』至文堂
・藤原与一　一九六七年『ことばの生活のために』講談社現代新書
・藤原与一　一九六九年『ゆたかな言語生活のために』講談社現代新書
・文化庁　一九八六年『公用文の書き表し方の基準（資料集）』第一法規
・文化審議会答申　二〇〇七年二月『敬語の指針』
・丸谷才一　一九七七年『文章読本』中央公論社
・南不二男　一九八七年『敬語』岩波新書
・森岡健二　一九八五年『文章構成法』至文堂
・安田　武　一九七八年『手紙の書き方』講談社現代新書
・山本健吉　一九八三年『ことばの歳時記』文春文庫
・吉田精一　一九九〇年『随筆とは何か　―観賞と作法―』創拓社

編者略歴

中《なか》西《にし》一《かず》弘《ひろ》

1933年　兵庫県に生まれる
1966年　広島大学大学院教育研究科
　　　　博士課程修了
現　在　大阪教育大学名誉教授
　　　　プール学院大学名誉教授

新版やさしい文章表現法　定価はカバーに表示

2008年5月30日　初版第1刷
2018年2月1日　第11刷

編　者　中　西　一　弘
発行者　朝　倉　誠　造
発行所　株式会社　朝　倉　書　店
東京都新宿区新小川町6-29
郵便番号　162-8707
電　話　03(3260)0141
FAX　03(3260)0180
http://www.asakura.co.jp

〈検印省略〉

ISBN 978-4-254-51032-4 C 3081

前大阪教育大 中西一弘編

基礎文章表現法

51021-8 C3081　A 5 判 180頁 本体2500円

説明・報告の例を掲げ，レポート類の作成に役立つよう「発想」から「原稿完成」までの組み立て方を平易に解説。〔内容〕着想から発想へ／取材を重ねて／構想を練る／記述にかかる／推敲して原稿を完成させる／合評会／小論文の練習法／他

前筑波大 北原保雄編著

概説 日本語

51017-1 C3081　A 5 判 184頁 本体2700円

美しく豊かな日本語を今一度見つめ直し正しく学べるよう，著者らの熱意あふれる筆致でわかりやすく解説した大学，短大向け好テキスト。〔内容〕総論／音声・音韻／文字・表記／語彙／文法／敬語／文章・文体／共通語・方言／言語生活

前東北大 佐藤武義編著

概説 日本語の歴史

51019-5 C3081　A 5 判 264頁 本体2900円

日本語の歴史を学ぶ学生のための教科書であると共に，日本語の歴史に興味のある一般の方々の教養書としても最適。その変貌の諸相をダイナミックに捉える。〔内容〕概説／日本語史の中の資料／文字／音韻／文法／語彙／文体・文章／方言史

前東北大 佐藤武義編著

概説 現代日本のことば

51027-0 C3081　A 5 判 180頁 本体2800円

現代日本語は，欧米文明の受容に伴い，明治以降，語彙を中心に大きな変貌を遂げてきた。本書は現在までのことばの成長過程を概観する平易なテキストである。〔内容〕総説／和語／漢語／新漢語／外来語／漢字／辞書／方言／文体／現代語年表

前筑波大 北原保雄監修　早大 佐久間まゆみ編

朝倉日本語講座 7

文章・談話

51517-6 C3381　A 5 判 320頁 本体4600円

最新の研究成果に基づく高度な内容を平易に論述した本格的な日本語講座。〔内容〕文章を生み出す仕組み，文章の働き／文章・談話の定義と分類／文章・談話の重層性／文章・談話における語彙の意味／文章・談話における連文の意義／他

前筑波大 北原保雄監修　東大 菊地康人編

朝倉日本語講座 8

敬語

51518-3 C3381　A 5 判 304頁 本体4600円

〔内容〕敬語とその主な研究テーマ／狭い意味での敬語と広い意味での敬語／テキスト・ディスコースを敬語から見る／「表現行為」の観点から見た敬語／敬語の現在を読む／敬語の社会差・地域差と対人コミュニケーションの言語の諸問題／他

神戸女大 前田富祺・早大 野村雅昭編

朝倉漢字講座 3

現代の漢字

51533-6 C3381　A 5 判 264頁 本体4800円

漢字は長い歴史を経て日本語に定着している。本巻では現代の諸分野での漢字使用の実態を分析。〔内容〕文学と漢字／マンガの漢字／広告の漢字／若者と漢字／書道と漢字／漢字のデザイン／ルビと漢字／地名と漢字／人名と漢字／漢字のクイズ

神戸女大 前田富祺・早大 野村雅昭編

朝倉漢字講座 4

漢字と社会

51534-3 C3381　A 5 判 292頁 本体5200円

情報伝達技術に伴い，教育・報道をはじめとして各分野での漢字使用のあり方と問題点を解説。〔内容〕常用漢字表と国語施策／漢字の工業規格／法令・公用文の漢字使用／新聞と漢字／放送と漢字／学術情報と漢字／古典データベースと漢字／他

広島大 柳澤浩哉・群馬大 中村敦雄・宇都宮大 香西秀信著

シリーズ〈日本語探究法〉7

レトリック探究法

51507-7 C3381　A 5 判 168頁 本体2800円

〔内容〕事実は「配列」されているか／グルメ記事はいかにして読者を魅了しているか／人は何によって説得されるか／環境問題はなぜ注目されるのか／感情は説得テーマとどうかかわるか／言葉は「文字通りの意味」を伝達するか／他

前宇都宮大 小池清治・ノートルダム清心女子大 氏家洋子・恵泉女学園大 秋元美晴著

シリーズ〈日本語探究法〉10

日本語教育探究法

51510-7 C3381　A 5 判 152頁 本体2800円

〔内容〕「オサマ・ビン・ラディン」か「ウサマ・ビン・ラディン」か／先生，それ散ってます／ジレンマってなんですか／私はキツネ／「NIKKO is NIPPON」をどう訳すか／なぜ「黒板を消せる」のか／魚が水泳している／言語行動について／他

上記価格（税別）は 2019年　1月現在